10

Decade

the Days

Working in Investment Bank

投行十年

我在投行的日子

Decade: the Days Working in Investment Bank

投行小兵／著

法律出版社
LAW PRESS·CHINA

目录 CONTENTS

Chapter 1

我来了
投行并非传说

1

在招聘会现场摆摊的招聘单位，一个个活像阎王爷，正在给数不尽的小鬼们做一个选择题：上天堂还是下地狱？

肖兵在招聘会现场再一次“成功”投完了最后一份简历。

回到学校，他就迫不及待地把自己狠狠地摔在宿舍的单人床上，床仍然按照惯例发出一阵刺耳的“吱嘎吱嘎”的声音，这让肖兵觉得厌恶至极，简直就是无法忍受。

肖兵现在是什么都不想做，就想好好地睡一觉，谁要是敢打扰他，就跟他一起从五楼跳下去，同归于尽。

可是，一阵阵晃晃悠悠透过来的汗臭味实在是让肖兵无法安然入梦。于是，肖兵用近乎粗暴的方式把自己身上的那身在地摊上花 180 块钱买的西服从身上扯了下来，用被子将脑袋蒙住，倒头就睡。

肖兵甚至想，还不如就这样把自己憋死好了。

可是肖兵不能死，肖兵还有自己的父母，还有自己的同学和朋友，还有一个没过十六岁就改了身份证的出生日期去江苏打工的妹妹。

更重要的是，肖兵作为老肖家一脉单传的独苗，还承担着延续香火的重任呢。“不孝有三，无后为大”，这个任务肖兵要是完不成，那是要愧对列祖列宗的。

肖兵的父亲肖大贵也在这个非常恰当的时间给肖兵打来电话，提醒肖兵：你可千万不能让被子憋死，我还指望你养老呢。

肖兵不耐烦地看了一眼手机，知道父亲定是没有别的什么事情，就是问自己的工作找得怎么样了。

另外，还有一个令肖大贵至今非常不解的问题要追问：我儿子是堂堂北京的大学生，给国家主席做秘书我儿子都不愿意干，为啥找个工作还那么难，这让我在父老乡亲、亲戚朋友面前如何交代？

父亲一遍遍追问，肖兵一次次烦躁。

肖兵毫不犹豫地按下手机红色的按键，拒绝了父亲的电话，他想先好好休息一下。

缺德的老天爷，天也太热了，才五月，夏天就不安分地急急火火来报到了。就好像北京每天刮的沙尘暴刮来的都是大学生似的，不知道什么缘由，突然之间就冒出那么多的大学生，一个劲地在肖兵的眼前晃啊晃，一个劲地在肖兵的身边蹭啊蹭。

在招聘会现场的招聘单位，一个个活像阎王爷，正在给数不尽的小鬼们做一个选择题：上天堂还是下地狱？

自然是天堂。那好，名额有限，你们可要努力了。

肖兵好不容易挤到摊位的前面，把已经皱皱巴巴的简历递了过去，刚想自我介绍，“肖”字还没有出口，就被很武断地打断。对方很有职业素养地把大号国字脸挤成一朵白菜花，向肖兵回复道：“我们会认真考虑的，请等候我们稍后的通知。”

接下来，悲剧再一次重演。肖兵被波涛汹涌的人海给冲了出来，肖兵就像与情人生离死别一样眼睁睁看着自己可怜的简历被无数的简历淹没。

什么是悲剧，悲剧就是你的梦想一次次被无情地撕碎然后在你的眼前一片片飘落。

什么是人间悲剧，就是这样的梦想破碎的悲剧在一遍遍上演。

一天一遍，一天好几遍，不知道哪天会完，哪天是个头。

2

肖兵的手机调成了震动，在桌子上一直跳来跳去，就好像是一个小丑，一个劲地向肖兵挑衅。

臭小子，还敢不接老子的电话，就算你在北京上大学老子在农村种地，那我也是你爹。

肖大贵倒是很执着，你不接我电话我就一直打，我烦死你。

肖兵的手机调成了震动，在桌子上一直跳来跳去，就好像是一个小丑，一个劲地向肖兵挑衅。

肖兵很无奈地坐起来，接通了电话，随即电话那头传来一阵连环炮，其中还夹杂着农村汉子的粗放和泥土的芬芳。

跟老爸通电话，先享受一阵猛烈炮火开道已是肖兵非常习惯的开局。肖大贵就像是个高分贝、高马力的录音机，把前几天刚说的话又说了一遍："怎么不接你爸的电话，今天又去投简历了吧，我都跟你说了不要要求太高，国家大部门不好进，一般的也就可以了，毕竟我们是农民，还是要慢慢来的。"

肖大贵咽了一口唾沫，就好像吃了半只美味的烤鸭一般发出了很大的声音："你妹妹这个不争气的死丫头，出去打工又挣不着钱，我以后养老买棺材还是要靠你的。等你挣了钱，先把咱家的房子翻修一下，最好找个大官的女儿做媳妇，那样就可以光宗耀祖了……"

不知道什么时候开始，肖兵有点烦父亲高嗓门儿的说话方式了，他觉得那样说话没有礼貌也没有气质。

肖兵没有拿起电话，就一直放在桌子上，但这并不妨碍他倾听肖大贵的最高指示。肖大贵一辈子跟大山较量练出来的嗓门实在是大，太大。

肖大贵毫无章法地说了一通，肖兵一直坐在床沿上没有任何反应，也不知道该如何反应。话已经听了很多遍，就算不去认真听也不会错过重要的或新鲜的内容。肖兵跟父亲对着吼一顿，这是他做不到的，那可是大不敬；肖兵也想说点父亲喜欢的话，可是父亲现在就关心他找工作的事情，工作找不到还高兴个屁。

无法反应，也就不去反应。肖兵的无限期、无底限沉默也是肖大贵已经习惯的局面，不过还是问了一句“我说的话你有没有在听”。不过，说话的语气已经从“命运交响曲”一下子转变为“月光水岸”。

不是肖大贵没了力气，而是其实肖大贵很爱自己的孩子。

肖兵有气无力地回了一句：“知道了，我一定会找到好工作的。”

肖大贵可能对儿子的回答已经满意，或者是别的什么原因，肖大贵的话题一下子就跟工作没了关系，而关心起儿子的日常生活：“爹知道你肯定没问题，工作还是要好好找，不过也不要太累了，还是要好好照顾自己。一会儿我就跟你妈去市场上把牛给卖了，到时再给你寄点生活费。爹看电视知道，找工作可是要花钱的。”

最后，肖大贵还不忘解释一下这次母亲不能与他通话的原因：“你刘叔还着急等着去做买卖，你妈就不跟你说了，下次吧。”

肖兵家里没有电话，打电话要去邻居刘叔家里。

牛一直是家里用来耕地种田的，这牛卖了真不知道这地以后该怎么种。

肖兵挂了电话，感觉自己的身体有了感觉，有了柔软的感觉。

3

你大爷，是吕晓伟的口头禅，用他的话说，这就是他的生命。你说他篮球水平太差，他说你大爷；你说他考试抄半个教室才能及格，他说你大爷；你说他找个女朋友没有胸部，他说你大爷。

肖兵深深地吸了一口气，暗地里给自己使劲打打气，加油！加油！

肖兵把电话挂了，如释重负又如坐针毡。

肖兵把手机随手扔在了桌子上，手机质量实在是不好，这一扔竟然就把电池磕了出来，手机没有发出任何的声响，就死掉了。肖兵倒没有注意到这些。

下午的天气凉爽了很多，比起上午的遭遇要好过多了。肖兵在吕晓伟进屋之前，美美地睡了一觉，或者说，要是吕晓伟不回来，肖兵还能睡更长的时间。

肖兵没有责怪吕晓伟惊扰了自己的美梦，一来因为自己已经睡足了，再睡就是浪费；二来吕晓伟是自己截至目前最好的朋友。

吕晓伟左手抱着个脏乎乎的篮球，不仔细辨认还以为就是个泥团子；右手拖着两张硕大的油饼，上面还有一小塑料袋的花生米，这是吕晓伟打完篮球之后固定的晚餐食谱。

吕晓伟把球鞋脱下的一瞬间，一股另外的味道瞬间就把油饼仅有的一点香味淹没掉了，如同巴西国家队打中国足球，实力对比实在是天上地下。

肖兵感受到了世界末日的压抑，骂了一句："你有没有公德心啊，把鞋脱到外面去。"

吕晓伟赶紧道歉，放下了篮球，把油饼放在了床沿上，一下子没放稳，油饼从床沿上滑了下来，掉在了篮球上又掉在了地上。

肖兵笑话吕晓伟："这会你的油饼都不用就着花生米吃了，省钱了。"

吕晓伟回了一句："你大爷。"

你大爷，是吕晓伟的口头禅，用他的话说，这就是他的生命。

你说他篮球水平太差，他说你大爷；你说他考试抄半个教室才能及格，他说你大爷；你说他找个女朋友没有胸部，他说你大爷。

不知道是油饼香味的引诱，还是球鞋臭味的刺激，肖兵的肚子也"咕噜咕噜"开始叫了。

肖兵问去外面放球鞋回来的吕晓伟："现在几点了？"

吕晓伟一边打扫着油饼上的尘土，一边说道："我又没有手表，不过根据食堂里的人数判断，应该有五点六十了。"

肖兵也毫不含糊："那不用着急，离六点还有四十分钟呢，等会儿再去吃饭也来得及。"

吕晓伟对肖兵的幽默并不买账，尤其是在吃饭这么重要的核心问题上。

吕晓伟催促着肖兵："别磨蹭了，赶紧去。再过一会《鹿鼎记》就开始了，根据我在电视剧领域长期浸染的经验，韦小宝第七个老婆今晚可能就要闪亮登场了，可不能错过啊。"

肖兵瞪了吕晓伟一眼："不要脸，天天盯着个破电脑看电视剧，你还把自己当导演了。"

三句话不离本行，对于应届毕业生来说本行就是找工作。两个兄弟大山没侃上几句就又回到了找工作的话题上。找工作，就如同是一个幽灵和恶魔，彻底收走了大学生的快乐和梦想。

吕晓伟问肖兵："今天招聘会怎么样啊？"

肖兵叹了一口气："一言难尽啊。"

肖兵接着换了一个语气："你小子倒是不着急的样子。"

吕晓伟学着肖兵的样子叹了一口气："一言难尽啊。"

4

上下铺的兄弟，大学的时候，中间只隔着一个床板，喝酒抽烟侃大山。走出校园，隔着万水千山，诸多情思恩怨，不知何日借何日还。

不管吕晓伟多么“你大爷”的不愿意，吕晓伟的女朋友赵倩胸部太小是个不争的事实，最遗憾的是，赵倩还属于典型的“该瘦的不瘦该胖的不胖”的那种类型。

吕晓伟作为玉树临风的院里篮球队主力中锋，在什么情况下与赵倩陷入爱河至今还是个谜。既然是谜就会有诸多猜测，比如酒后乱性，比如色诱成功，再比如因为赵倩家里有钱……不论哪个猜想，至今都没有得到证实。

猜想归猜想，赵倩家里有钱那也是事实，其老爹是当地的副厅级干部。虽然包括肖兵在内的很多兄弟都不认为吕晓伟会为了权贵而低下自己帅气逼人的头颅，不过这顶帽子这辈子也不是他想摘就能摘得掉的。

吕晓伟说：“我媳妇早就帮我在老家找好工作了，就凭他老爸的能力在当地找个马马虎虎的工作还是很容易的。”

肖兵心里咯噔一下，略有所思又有点下意识地回答：“那不是很好？”

吕晓伟叹了口气：“好什么好，你还不了解我吗，好不容易从小地方混到了北京，就这样轻易又回去了，哥们儿不甘心啊。”

吕晓伟接着说：“赵倩说了，如果我要是不回去，她就来学校告我，说我诱奸她，让我身败名裂，别说找工作，就是连毕业都没门。我要是找到工作，她就在我领导办公室门口天天蹲着。我要是结婚，她就天天在我们家门口蹲着。我要是有了孩子，她就天天在孩子学校门口蹲着。你说，我能不怕吗？”

吕晓伟倒不一定是真害怕，不过以赵倩的脾气和风格，这些话出自她的口倒不奇怪，她也很有可能说到做到。

肖兵说："我觉得挺好的，留在北京有什么好，你看我不是至今也没有找到工作？"

两个兄弟的谈话瞬间又因为工作话题陷入了僵局而不知再如何进展，谁也没法判断对方的决定是否正确，谁也找不出更好的理由来安慰对方。

上下铺的兄弟，大学的时候，中间只隔着一个床板，喝酒抽烟侃大山。走出校园，隔着万水千山，诸多情思恩怨，不知何日借何日还。

最后，还是吕晓伟打破了沉默："我靠，你还有完没完了，赶紧吃饭去吧。"

吕晓伟根据食堂人数推断时间的结论基本准确，肖兵抬头看了一下食堂里的表，北京时间6点30分，食堂里面已经没有多少人了，稀稀拉拉的。

吕晓伟的食堂时间人数定律：学校5点下课，5点至5点15分之间是人数初步累积阶段，5点15分至6点之间人数流入量远远大于流出量，6点人数达到最高峰。6点之后人数流入量将逐渐小于流出量，餐厅人数将逐步减少。6点30分之后才来餐厅吃饭的一般都属于有特殊情况的，比如泡妞、打球、作业不合格，当然还包括找工作的毕业生参加面试回来晚了……

肖兵围着卖菜的窗口转了一圈，剩下的饭菜就跟卖菜的师傅一样没了精神，软塌塌地躺在那里，安静地等待着哪个倒霉蛋来把自己吃掉；如果还有剩下的就犒劳卖菜的师傅了；师傅吃完如果还能剩下，对不起，只能伺候畜生了。

肖兵打了一份红烧肉，这是肖兵最喜欢的菜了，这个时间还能够吃到自己最喜欢的菜，肖兵觉得还是很幸运的了。不过遗憾的是，肉已经没有多少了，只剩下些白菜叶子，而且还不打折，还是五块钱一份，单就这一项开支，已经超过了肖兵既定的晚餐限额，心疼死肖兵了。

一不做二不休，肖兵决定今天好好犒劳一下自己，虽然工作还是没有什么着落，那也不都是自己的错，干吗要自己来惩罚自己？肖兵又买了一份青菜，买了两块跟吕晓伟一样的油饼，最后还破格奖励自己一块冰镇的西瓜。肖兵的这顿晚饭，已是足够丰盛了。

肖兵吃完晚饭，感觉很满足，随手给自己的未来先画了一笔：等我找到工作挣了钱，我每天都要这样的生活。

什么是完美生活？就是你的梦想可以实现，你的愿望可以满足，不论大还是小。

5

那位打电话的小姐或者是早过了30岁的女士就像是晚饭吃了一肚子的鞭炮，被这炎热的夏天点着了，就要赶紧燃烧爆炸，肖兵不幸又荣幸地做了倒霉蛋。

回到宿舍，《鹿鼎记》已经开始了。吕晓伟瞪着眼睛张着嘴巴盯着电脑屏幕在看，都忘记把手里剩下的最后一块油饼往嘴里送，自然也就没关心肖兵已经回来了。

肖兵赶紧把自己那个已经裂了一个大缝儿的板凳搬过来与吕晓伟一起看，这才突然发现自己手机和电池早已经身首异处了。

这让肖兵很紧张。对于正在求职的大学生来说，那必须是24小时开机，不能有任何的停顿断层，万一错过一个重要的面试电话，可能就会影响到自己的一生。

怕什么，来什么。肖兵赶紧把电池恢复原位，开机之后还没等肖兵把中国移动“欢迎使用中国移动”的欢迎词看清楚，一个电话就好像已经等了很久一样迫不及待地打了进来。

肖兵一看是一个陌生的电话号码，这让他有些窃喜又有些紧张，这不会是通知自己面试的吧？

很有可能就是面试的通知。对于穷学生来说，推销保险或理财产品的骚扰电话一般不会找到他们的；找兼职的招聘电话也正在逐渐冷落快毕业的学生而逐渐转向更加廉价且容易忽悠的大一学生；就算是偶尔有个主动保健按摩的电话一般也会是在半夜或者凌晨打来，这个饭点打来谁有这个空闲，效果自然不好。

肖兵赶紧把电话接起来。电话那头显然对肖兵以及肖兵手机的表现非常不满意：“你这位同学怎么回事，电话老是打不通，我还有很多同学要通知面试的你知不知道，在学校里架子就这么大，到社会上会很难混的。好了，我不跟你多说了，我们是中华证券公司的，现通知你明天下午3点在中华大厦面试。”

肖兵想做一些解释，但是显然对方不想给他这个机会。那位打电话的小姐或者是早过了30岁的女士就像是晚饭吃了一肚子的鞭炮，被这炎热的夏天点着了，就要赶紧燃烧爆炸，肖兵不幸又荣幸地做了倒霉蛋。

这也难怪，僧多粥少，熬粥的自然就要霸道。

接到一个面试通知，对于肖兵来说就多了一个实现自己梦想的机会，不论机会有多大，对肖兵来讲都是一件大事，小小的兴奋也是必须会有的。

不过回头肖兵还是要怪罪一下自己的破手机，差点就误了自己的大事。肖兵有些生气似地把电话又扔在了桌子上，手机电池又被磕了出来，手机又乖乖死掉了。

吕晓伟终于等到了广告时间，才有空闲把葱花油饼的最后一块塞进了嘴里，言语不清地问了肖兵一句：“去哪里面试？”

“一个证券公司，我都忘记什么时候投简历了。”肖兵说着坐到了吕晓伟的身边。

面试是要好好准备的，但是韦小宝的第七个老婆也不能错过。这就是纯屌丝大学生的全部生活。

吕晓伟倒是想起来什么似的：“是不是上周六那个，你不是投了个投资银行职位吗？”

肖兵一拍大腿：“对啊，你不是一直对招聘会不感兴趣吗，怎么记得这么清楚？”

吕晓伟说道：“还不是这家公司给参加招聘会的每个人发了一支笔，虽然第二天就不出水了，但至少是小小的贿赂了一下咱，还是要记着人家的情意的。”

肖兵“哦”了一声，算是了解了整个情况，也慢慢想起了当时投简历的情景。

6

虚幻的东西再美好自己拿不来也带不走，只有现实的生活是我们要面对、经历并且可以永远带走并回忆的。

当天，学校一共有五场招聘会，中华证券公司是肖兵最后的选择，因为他觉得投资银行跟自己半毛钱关系都没有，肖兵的目标是保险公司或大型国企的法务部门。对于毕业生来说，找工作最理想的选择自然是专业对口，学有所用。

当天，肖兵参加完四个招聘会已经有些筋疲力尽了，参加招聘会可是个力气活。肖兵正要去餐厅吃饭，就听说这个中华证券的招聘会只要参加就有礼物，肖兵觉得这还不错，就顺道去了。

当天，站在箱子旁边收简历的是一位穿着笔挺西服和雪白衬衫、打着大红领带的老兄。这身打扮是肖兵做梦都想拥有的，因为他觉得只有如此穿戴才会是体面的工作。

对肖兵来说，完美的工作不过是：身穿正装，手提笔记本电脑，从一座高端大气的写字楼里进进出出，朝九晚五。

更让肖兵想不到的是，负责收简历的那位老兄看起来还是很友好善良的，对大家的问题都会耐心地回答，态度也很好，完全没有肖兵以前见到的那种趾高气扬的臭嘴脸。这让肖兵对中华证券公司产生了一些好感，也有了上前去跟这位老兄交流几句的欲望。肖兵其实是一个比较害羞的人，一般很抵触跟陌生人打交道。

肖兵问："请问，投资银行职位主要是负责什么？"

老兄回答："投行是一个很有挑战性的工作，对年轻人来说也是一个很好的锻炼机会，可以让自己很快地成长。"

那位老兄见肖兵好像并没有完全听明白自己对投行工作高屋建瓴的总

结，于是补充道："投行工作可以跟很多企业老板直接对话，可以经常出差，有时候需要加班熬夜，也非常刺激，能够帮助企业完成上市这样的战略性的宏伟目标。"

出差、加班、熬夜、见老板，这就是肖兵当时对投行的全部印象。

肖兵和吕晓伟两个人乖乖地坐在电脑屏幕前两个小时，眼睛也没眨一下，可愣是没有见到韦小宝的第七个老婆。

肖兵不干了，上来就掐住吕晓伟的脖子："你不是说今天一定能见到韦小宝的第七个老婆吗？"

吕晓伟毫不示弱，也掐住肖兵的脖子："判断失误，判断失误，昨天就演到韦小宝今天去见她老婆，谁知道这两集老是回忆了。再说，那是人家老婆，你至于这么上火吗？"

好无聊的大学生，好无聊的大学生活。

韦小宝的第七个老婆肖兵是看不到了，还是好好准备自己的投行面试吧。虚幻的东西再美好自己拿不来也带不走，只有现实的生活是我们要面对、经历并且可以永远带走并回忆的。

肖兵到了图书馆把跟投资银行有关的关键字搜索了一个遍，一共就找到了三本书。一本是1989年出版的，想想中国当时应该还没有真正的资本市场吧；另一本是2006年出版的，可惜是英文的，以肖兵的英文水平这辈子是没指望看明白了；最后一本倒是比较符合要求，看名字就比较吸引人——《投资银行基本理论和实践指导》。

肖兵心里大呼一句："我靠，就这本了，天助我也。"

7

综上所述，所谓投资银行，既不干投资的活，也不管银行的事。肖兵也就是带着对投资银行如此残缺和朦胧的感觉去参加中华证券公司的面试。

在肖兵有限的记忆里，已经好久没有这么认真地看书了。虽然像研究甲骨文一样把书好好看了一遍，肖兵还是没有怎么看懂，确切地说，还是不能清楚地了解投资银行是做什么的。

书名看着挺带劲，内容其实都是骗人的。我们接触的很多书其实都是这个样子的。

如果说这本书给肖兵带来的唯一收获，那应该就是这个故事了：20世纪90年代，某海归投资银行家拜会某省级领导。

领导问："你们是做什么的？"

投资银行家答："我们是做投资银行的。"

领导问："那你给我们贷点款呗？"

投资银行家答："不好意思，我们不贷款。"

领导问："我一些朋友有些钱存在你那里可以吧？"

投资银行家答："不好意思，我们也不吸收存款。"

领导最后一跺脚："你们这个不能干那个也不能干，给我们的项目搞点投资总是可以的吧？"

投资银行家依旧冷静地很："不好意思，我们也不负责投资。"

领导无奈，只好热情地问候了投资银行的父母长辈兄弟姐妹。

综上所述，所谓投资银行，既不干投资的活，也不管银行的事。肖兵也就是带着对投资银行如此残缺和朦胧的感觉去参加中华证券公司的面试。

肖兵早早起了床，因而就算经过了上班早高峰两次地铁换乘和一次公交换乘的折腾和劳顿，肖兵仍然能够保证提前到达面试地点。

首先映入肖兵眼帘的那座建筑，简直如在肖兵梦中多次出现的一模一样，肖兵顿时感觉心里像有什么东西疯狂地盛开了一样，芳香四溢、如痴如醉。

一座二十几层的混凝土建筑掩映于众多同样类型、同样材质、同样风格的兄弟姐妹之间，牵手相连、亲密相拥。中华证券金灿灿的招牌在初夏温暖的阳光下熠熠生辉，与大厦披着的通身的蓝色幕墙相互呼应，颇有味道。

楼下的草地闪耀着诱惑性的绿色，中间喷泉唱着快乐的歌曲，而绿地中间整整齐齐停着各种品牌的车辆，好多牌子并不认识，不过从各个角度判断应该都算比较有档次的座驾。

旋转门有节奏地旋转，时不时有人进来或者出去，无一不是精神抖擞、衣着亮丽。保安穿着整齐统一的服装，帽子没有歪歪扭扭，袖子也没有油油腻腻，对每个人都会微笑，对每个人都有礼貌。

肖兵心里想：说不定，以后这里会有我的一个工位，某个进进出出的人就是我的同事。想着想着，肖兵就进了电梯。想着想着，肖兵就出了电梯。

一出电梯，一个拄着拐杖、脑袋上缠着纱布的人从他身边闪过，这一下子就把肖兵从刚才的梦想中拉回到了现实，不远处，还有越吵越激烈、越吵越带劲的吵架声。

工作中有争议，吵架倒是可以理解，可是为什么还有人会英勇负伤呢？难道投行的工作还有生命危险。

管不了那么多了，先把今天的面试完成好再说。“不论前方道路如何，我自坚定内心”，这是肖兵的信条，并一直坚持。

肖兵走到前台自报家门：“你好，我是来参加面试的。”

前台还是很有礼貌、很热情地接待了肖兵：“请问你叫什么名字，来应聘什么职位？”

肖兵一一作了回答，前台小姑娘却变得迷茫：“不好意思，我们面试名单上没有你的名字，我们招聘的也不是这个岗位。”

肖兵觉得不可思议，在这么洋气的大厦里办公的企业怎么会把面试人员的名单弄错呢，肖兵不甘心地问了一句：“你们招聘的是什么职位？”

前台不假思索地回答：“人身意外伤害保险销售顾问。”

肖兵好像有些明白了，为了确定自己的判断赶紧问了一句：“你们不是中华证券公司吗？”

前台对于接待面试人员的工作已经是非常熟悉且见过大场面，显然对肖兵非常的不屑：“证券公司在 19 楼，这里是 9 楼，我们是保险公司。”

尽管犯了这样低级的错误对于信奉完美主义的肖兵来说不可饶恕，不过肖兵这次还是很高兴，因为肖兵刚才在楼下对自己未来工作的想象依旧没有破灭，刚才那些不合时宜的因素不过是插曲，或许根本就跟肖兵没有任何关系。

肖兵很开心，赶紧去 19 楼。

8

2007年的资本市场有多火？还是让事实给你答案。中国高等教育培养的人才可能是书呆子但绝对不是傻子，都知道哪块云彩下雨，哪块蛋糕最甜。

19楼的电梯一打开，肖兵一眼就又看到了熟悉的景象。熙熙攘攘的人群、穿着职业装的青年学生、不安的等待和海阔天空的交谈，这就是大学生参加面试最核心的元素，这才是大学生参加面试应有的元素。

肖兵觉得这次绝对是没有走错了，同时判断，看来证券公司还真是一个不错的工作，不然就不会有这么多人来了。关键是，肖兵还看到了他们学院的学生会主席袁新也来参加面试了，这种学校“高层人物”对一般的面试都是不会看上的，这进一步证明了自己的判断：证券公司的工作，是个好工作。

袁新没有看到肖兵，肖兵也没有主动过去打招呼。肖兵一来不是很喜欢在面试现场遇到熟人，二来肖兵从来都不喜欢跟官场的人交往过多。

学生会也是官场。

2007年的资本市场有多火？还是让事实给你答案。中国高等教育培养的人才可能是书呆子但绝对不是傻子，都知道哪块云彩下雨，哪块蛋糕最甜。就看这一个证券公司面试的阵势，就为中国证券市场做了最好的注脚。

专业人士一致认为中国资本市场的春天来了，非专业人士在专业人士的鼓舞下不顾一切地往前冲，就好像前面有无数黄金，先到先得，就连起大早只为买二斤新鲜土豆的大妈都知道今天大盘又红了。

对于资本市场的繁华升平，肖兵没有参与也没有多少感受。今天，算是第一次吧。

肖兵拿出手机看了一下时间，才10点20分，还差40分钟才能轮到自己。看房间里的人太多了，肖兵就随便拿了张报纸在走廊里找个地方坐下来，等一会儿。

北京五月的天气已经炎热无比，加上肖兵那身劣质的西服本身透气性就不怎么好，这让肖兵没过多久就觉得是浑身燥热得很。这要是以前，肖兵早就把这身看着好看实际害人不浅的行头给抛弃了，而今天可不行，今天必须要保证形象，不论受多大的罪。

为了转移自己难受的内心感受，肖兵赶紧把报纸拿出来看一下。《中国证券报》,肖兵猜想这应该是这行的专业报纸吧,这个公司还挺有品位的,随便抓一张就是专业报纸。不过，对于可以连续三天熬夜看球赛的肖兵来说，要是《体坛周报》该多好。

随便翻翻，报纸上恰好报道了2006年国际和国内十大投资银行的经营业绩，肖兵赶紧看看，想解答一下“投行到底是做什么的”这样一个疑惑甚至是心结。疑惑没有解成，肖兵倒是把那一串公司的名字记得很顺。

肖兵的记忆力还不错，这一点肖兵很确信。

轮着肖兵了，刚好11点。虽然肖兵对中华证券这个公司并不是很了解，但至少第一印象很好。虽然守时并不难做，但是能看到一个如此守时的公司也是难得。

跟肖兵一起面试的一共有六个人，也就是一个小组。肖兵用最快的速度看了一圈自己的对手，个个是精神抖擞、衣着光鲜，一看就是做足了功夫，单单看那身行头，纵然不是名牌那也是颇费讲究，定不是肖兵身上的地摊货可比的。

不过肖兵倒也没觉得自卑，毕竟他也是国内最好的大学出身，再说综合能力也不错，纵然有一个是英国某个村子里回来的硕士，肖兵也没放在眼里。

英国村里来的硕士可以不放在眼里，不过美国老牌名校的高材生还是让肖兵有些仰视。肖兵是第五个，排在肖兵后面的是一个哈佛大学数学系博士。博士叫王昊。

方鸿渐，这是肖兵看到王昊之后的第一个念头，不会也是在国外买了个毕业证回来忽悠人的吧，更有甚者或许就是在五道口买的。五道口30

块钱就可以买一个北京大学的毕业证，再多加 5 块就能买国外学校的毕业证了，供应充足，量大优惠。

如果这个毕业证是货真价实的，那么一个堂堂殿堂级学校的博士会来应聘跟自己一样的职位？果真如此，只能感叹这个世界太疯狂了。

六个人分享三十分钟的面试时间，每个人真正用来表现自己的时间并不多，对于面试的过程和结果，肖兵自我感觉还是不错的。

尽管肖兵对投行专业性的问题几乎是一窍不通，不过幸运的是面试官也没问什么有深度的问题，而一些程序性的东西肖兵早就不知道经历过多少次了，熟得很。

最有意思也非常巧合的一个事情就是面试官竟然要求肖兵根据自己对国内外投行业务的了解说几个自己熟悉的证券公司的名字。肖兵差点当场笑出来，肖兵没有放过这个大好机会，直接根据刚才自己屁股底下那张报纸的内容对答如流。

对于面试过程中唯一的一个专业问题，肖兵的回答毫无挑剔，简直完美。

这就是传说中的人生的好运气吗？应该是的。

9

这一周，肖兵为了迎接第二轮面试疯狂地做了很多功课，放弃了《鹿鼎记》，放弃了美职篮总决赛，甚至放弃了吕晓明声音开到最大的日本爱情动作片的诱惑，一头扑在了对投资银行的研究上。

中华证券公司不仅准时，而且还相当有效率。一周之后，公司人力资源部就通知肖兵，可以参加第二轮面试了。

参加完第一轮面试之后，肖兵就突然觉得自己已经对证券这个行业以及中华证券公司一见钟情并深深爱上了。是因为他们可以带给肖兵既可以吃冰镇西瓜也可以吃红烧肉的生活吗？肖兵并没有否认。

因为爱，所以在乎。因为爱得太深，所以在乎得一塌糊涂。

这一周，肖兵为了迎接第二轮面试疯狂地做了很多功课，放弃了《鹿鼎记》，放弃了美职篮总决赛，甚至放弃了吕晓明声音开到最大的日本爱情动作片的诱惑，一头扑在了对投资银行的研究上。

经过一周魔鬼般地自我摧残，肖兵除了仍然不知道“投资银行是具体做什么的”这一永恒命题之外，在其他方面还是有底了很多。

不过，人算不如天算。

让肖兵始料未及的是，这次面试的面试官竟然是上次面试的原班人马，就像肖兵身上那身寒酸的行头一样，连袜子都没有换。

对面的面试官看到肖兵也是有些惊讶，这稍纵即逝的表情变化还是没逃脱肖兵的眼睛，而这个变化还是让肖兵欣慰不少。毕竟，人家面试官不知道已经面试了多少求职人员，而面试官还能够一眼认出自己，那说明第一次的面试还是给了他比较深刻的印象。

肖兵好像已经瞬间忘却了这次面试的变故，而是被这瞬间冲出来的淡淡的喜悦所覆盖。

还是面试官见多识广、脑子灵活，立即向肖兵作出了自己的解释：公司的人员太少，参加面试的人员太多，结果就出现了重合，非常抱歉。

熬粥的还能够对苦苦哀求分点粥喝的人说声抱歉，已经难能可贵，难道还能再多强求什么？

没有什么悬念，第二次的面试无非是第一次面试的重播，只是气氛略显尴尬和搞笑。面试官尽量想给双方第二次的见面多一些内容和惊喜，不过在肖兵看来那些临时新增加的内容大多无关痛痒，没有多大意义。

说好的面试时间需要半个小时，而肖兵的这次面试还没有 15 分钟就草草结束。第一次面试你有很多东西需要表现，结果没有时间；而这一次有时间了，却又没有了表现的内容。

人生啊，如此神奇。生活啊，几多荒谬。

这一次的面试肖兵的心情经历了好几次上上下下的变化，不过最后总结一下，肖兵还是觉得有些遗憾，毕竟一个星期的苦心钻研至少在这次面试中还是泡了汤，没有派上多少用场。

这次面试，肖兵还遇到了上次见到的哈佛博士。第二轮面试是有英文的，据说人家哈佛博士真的不是浪得虚名，那英文说得就跟四、六级的听力磁带似的。

肖兵想到自己的英文，对刚才面试的总结从遗憾直接变成了绝望。肖兵觉得自己说的英文估计是没人能够听得懂的，因为那一听就知道明显是偏远农村的，连伦敦郊区都不算。

因为肖兵和王昊并不是一组也就没有多少交集，这次见面两个人并没有交流，只是让肖兵悄悄发现了留洋博士和土鳖博士的区别。留洋博士是英文说好了结果汉语忘得差不多了，尽管想努力把汉语说好，最后还是憋了一脑门汗之后会说：Sorry，我还是说英文吧。土鳖博士汉语还没忘干净但是英文也没有学地道，于是老是说话汉语里掺杂着英文，半土不洋的。

肖兵想，这个工作机会十有八九彻底没戏了，心里有种痛的感觉，如同肖兵曾经的那次失恋，也是人生中唯一的一次。

10

鲜花的凋落并不能让我们忘却曾经盛开的芬芳和美好，我们有理由向每一段曾经的爱情致敬。

肖兵的那次失恋，尽管短暂，却痛彻心扉。

失恋，那是肖兵上大学时候的事情。肖兵刚上大学那会是下定决心在大学期间不准备谈恋爱的，公开的官方理由是不应该耽误学习，其实肖兵比谁都明白，自己是没有条件谈恋爱。

不论什么时候，谈恋爱都是需要钱的。

肖兵是班里穿着最普通的那个，肖兵每次交学费都需要被辅导员在全体同学面前点名批评好几次才能凑齐，肖兵每个月200块钱的生活费应付自己日渐增加的饭量都捉襟见肘，哪还有闲钱谈恋爱？肖兵不喜欢动不动就谈钱的恋爱，可是你总得请人家姑娘吃根冰棍看场电影吧，就算是这些小钱肖兵当时也是拿不出来的，肖兵的零花钱只能以几块几毛计量。

缘分这个东西，谁能说得准？爱情这个东西，谁能挡得住？

肖兵固若金汤的防线还是没有抵挡住爱情的攻击，并且一败涂地。就在肖兵见到王雪笑容的那一刻，肖兵就认定这可能就是一辈子跟他结婚生子变老看夕阳的人。于是，肖兵决定放弃自己曾经坚守的一切，去追求王雪。

改变，必须从钱开始。肖兵决定从牙缝里抠钱，向自己的胃里要钱。

肖兵在学校对面的小商品市场买了一件纯白的衬衣和灰色的西裤，尽管质量看起来不是多么好，至少比父母在老家买的衣服看起来款式新潮了很多。肖兵专门去学校超市买了一瓶海飞丝洗发水，好让自己的头皮屑问题能够改善一些。除此之外，肖兵还攒了一个月的生活费，准备正式邀请王雪吃饭。

王雪很爽快地答应，但是吃饭的地点并不在学校著名的东苑餐厅，而是在学校门口的西安凉皮摊。并且，在吃完饭临走的时候王雪还莫名其妙地买了五个肉夹馍，最后以自己吃不了为由把剩下的四个全部给了肖兵。

默默，有时候比任何力量都要伟大。

至于肖兵和王雪什么时候正式恋爱，已经无法再去仔细考证了，确定的只是最后的结果是他们两个人开始了一段很多大学生都在经历或者已经经历或者即将经历的校园恋情。

不同的是，在整个恋爱的过程中王雪总是默默帮助着肖兵。尽管每次做得都是那么自然且悄无声息，不过时间长了肖兵还是觉得有点对不起王雪，觉得自己的自尊心受到了伤害。

王雪是个聪明的姑娘，她能够看清楚肖兵在想什么，于是她对肖兵说：“我帮助你是为了你以后能够更多地回报我，我是投资的绩优股。”

肖兵认可了这个理由，并且为了这个理由一直在加油。肖兵一直是学校的三好学生和学习标兵，一直到大四。

到了这个十字路口，大家各自想办法奔前程，有人找工作挣钱，有人要考研究生继续深造。肖兵选择了后者，因为他觉得当时自己并没有能力给王雪更多的回报。

王雪是支持肖兵继续深造的，争议在于王雪希望肖兵报考山东的学校，而肖兵坚持报考北京的学校。

最后王雪没有再说什么，这是最常见的一个结果，因为王雪一直默默支持着肖兵。只是，这次王雪的言语间多了些许遗憾甚至是悲伤，远不是大四分离的氛围那么简单。

王雪最后简单说了一句：“以后我们离得那么远，有可能就不能在一起了。”

肖兵拍着胸脯保证：“不会的，我绝对不会背叛你。”

是的，肖兵没有做出背叛王雪的事情，可是他也没有认识到社会的复杂以及人生的无奈。

很多时候，爱情的失败不在于我们受到了多少诱惑而是在于我们经受着什么折磨。

王雪毕业之后找了一份工作，到了工作单位之后一切并不顺利，并且还会受到领导的经常骚扰。此时的肖兵无能为力，王雪也知道肖兵无能为力。

最后，王雪选择跟公司的一个有权有势的男人结婚。这样，王雪就不会再受别人的欺负，她也希望肖兵以后能够安静地学习、生活和工作。

肖兵和王雪，他们感受到了爱情的美好也经历了爱情的脆弱，当他们还没有强壮的臂膀和充足的勇气去守护和爱护他们的爱情之花的时候，爱情必然会枯萎和凋谢。

鲜花的凋落并不能让我们忘却曾经盛开的芬芳和美好，我们有理由向每一段曾经的爱情致敬。

11

肖兵后来才知道，中华证券公司的高效率已经不能算作优点，而是一种不能控制的强迫症，因为肖兵入职之后周而复始一次次地感受到了这种工作的快节奏。

肖兵本来以为工作的事情已经黄了，结果它却成了。人生中的大喜大悲、起起落落实在是太刺激了。

肖兵对于二次面试的担忧后来证明是多余的，显然中华证券公司最终的录用结果是在充分考虑了诸多意见之后的结果。

中华证券公司的效率依旧神速，三天之后就通知肖兵已经被录取了，时间方便的时候就可以来公司实习。

肖兵后来才知道，中华证券公司的高效率已经不能算作优点，而是一种不能控制的强迫症，因为肖兵入职之后周而复始一次次地感受到了这种工作的快节奏。

这是第一次，肖兵感受到了快节奏，这让习惯了毕业季生活节奏的肖兵有些不适应。有点茫然，有点眩晕，就像是刚从自行车上下来一下子上了高铁似的。

肖兵第一时间把这个消息告诉了吕晓伟，尽管肖兵自认为已经非常了解他，不过吕晓伟的反应还是出乎了肖兵的意料。

一般情况下，很难有什么事情能够让吕晓伟的注意力从电视连续剧或者美职篮比赛中转移过来，除非是他平胸女友的电话，就算是导师过来吕晓伟都不一定给这个面子。

而这次，吕晓伟郑重其事地转过身来，深深吸了一口气，对肖兵说：“兄弟，你牛逼啊，连证券公司你都进得去。目前的状况，连院学生会主席都不是你的对手啊。”

肖兵一直承认吕晓伟要比自己见多识广的多，在很多问题上认知的宽度和广度都让肖兵自愧不如，毕竟人家是副厅级干部的准女婿。尽管肖兵也能看出来吕晓伟的话里有夸张玩笑的成分，肖兵还是非常坚信吕晓伟对这份工作的判断。

不过肖兵还是装作若无其事地说："我倒没看出有多好，工资也就五千多，据说还得经常出差。"

吕晓伟一副恨铁不成钢的样子："工资慢慢涨，关键是奖金高。你一个光棍出差有什么不好，直接跟上市公司董事长打交道，说不定哪个老爷子看上了你可能直接就把女儿许配给你了。兄弟，好好干吧，以后说不定还得跟你混呢。"

这次是肖兵主动结束了本次话题交流，把话题转移到了正在进行的美职篮西部总决赛身上，因为肖兵知道下面的对话无非会一直延续"吕晓伟说牛逼"和"肖兵说一般一般"的无聊循环中。

关键是，肖兵怕聊得太多会一不小心伤害到吕晓伟的心。吕晓伟跟肖兵不同，吕晓伟的个子高心气也高，一直想在大城市完成自己的梦想，结果现在唯一的选择只能是跟自己的女朋友回去。肖兵倒想开得多，只要能找到一份养家糊口的工作，能够把父亲因为自己上学欠下的外债尽快还清就满足了。

说实话，中华证券的这份工作目前对于肖兵的吸引力主要还在于高耸的大厦以及有礼貌的保安这些外在的景象，至于吕晓伟说的什么"有前途、奖金高"之类的说辞，肖兵更多地认为是这个好兄弟的一种鼓励。

当然，差点忘了说一点，肖兵通过这个工作还有一个最大的收获，那就是打败了袁新，院学生会主席。

其实，袁新这个人并不坏，肖兵对他也没有什么讨厌，只是袁新一心为了仕途的腔调和作为让肖兵不是很欣赏。

是的，肖兵不喜欢仕途和当官的人。

学生会，也是仕途。

12

就好像提前定好了闹钟，时间一到，有无数的人从地铁里涌出、从公交车里跑出、从小汽车里钻出，还有一些人好像就是从地下冒出来似的出现得很突然。

学校里早就没有了什么事情，能够去公司学习手把手的本领，那可是不可多得的机会。肖兵毫不犹豫，第二天就去中华证券公司实习了。

给肖大贵打电话已经是在肖兵实习的三天之后，肖兵并没有把找到工作的消息第一时间告诉肖大贵是有复杂的原因的：其一，肖兵找到的工作与肖大贵期望的国家总理的秘书还是有着很大的差距，如此看来肖兵找到工作对肖大贵来说并不是大喜事。其二，肖兵还没有想好怎么去给肖大贵解释自己的这份工作，毕竟证券对于农民兄弟来说还是距离远了些，最后想到最好的解释就是中国百姓炒股买的股票就是你儿子发行的。

电话打到隔壁大叔家里，凑巧的是肖兵的父母也在，这就省却了大叔再去通知一遍的麻烦。

肖兵将自己找工作的事情简单说了一下，肖大贵的反应跟肖兵想的完全不一样。肖大贵没有表现出任何的失望，也没有刨根问底地去让肖兵解释什么是证券什么是投行，肖大贵只是一个劲地说好，千叮咛万嘱咐肖兵一定要保重身体，要跟同事领导搞好关系，请客吃饭不要怕花钱，实在不行就先跟家里要。

最后，肖大贵表达了自己的遗憾，那就是今年暑假肖兵就要上班，再也没有暑假那么久的时间在家里待了。

肖兵要跟母亲说几句话，肖大贵说母亲已经回家做饭了，他晚上要请亲戚朋友吃饭。

肖兵跟肖大贵的通话在电话那头一阵嘈杂的欢呼雀跃中结束。

肖兵第一天实习去得很早，一来公交路线早就提前进行了研究，二来因为走得比较早堵车情况并没有想象的那么严重。肖兵到公司的时候还不到 8 点，离公司规定的 9 点上班时间还早着呢。

肖兵决定先在楼下周边转一转看一看，提前熟悉一下外部的大环境。尽管北京已是夏天，不过清晨还是比较凉爽，微风吹过来让人舒服得不得了。肖兵仍旧穿着那件面试时穿的西服，突然之间觉得西服面料变得非常透气凉爽，下摆随着微风飘扬帅气酷毙。

肖兵第一天实习早早过去，主要是为了给公司领导一个好的第一印象，肖兵对此可不敢掉以轻心，所以一直就在大厦周围转来转去不敢走远，就怕起个大早赶个晚集。

当肖兵转到第三圈的时候，保安友好地拦住了他："先生您有什么事情吗？"

肖兵底气十足地回答："我在这里上班，时间有点早我先休息一下。"

肖兵都不知道自己从哪里来的底气。

到了 8 点 30 分，空气依旧沉寂，让肖兵怀疑今天到底是不是工作日，然而再过了短短十分钟，肖兵就确信了今天是要上班的。

就好像提前定好了闹钟，时间一到，有无数的人从地铁里涌出、从公交车里跑出、从小汽车里钻出，还有一些人好像就是从地下冒出来似的出现得很突然。

肖兵被这样的架势有点吓坏了，不知道是随着这些人一起上去，还是先等一下再说。肖兵选择了后者，他觉得这局面应该一会儿的时间就会过去，自己就在楼下等一下再上去应该来得及。

可是，令肖兵没有想到的是，这人群不仅没有消退的意思，而且越涌越多，就好像植物大战僵尸级别越来越高，关卡越来越难，一拨又一波僵尸来袭。

肖兵不能再淡定了，只能加入人群的洪流中等电梯，在电梯上上下下三波之后，肖兵终于侧着身子挤上去了。

到了 19 楼，时间刚刚 9 点。

Chapter 2

初体验

有伤有泪有感动

投行十年

1

其他同事一来到办公室都忙着围在行政专员的身旁，一边办理着实习的相关手续，一边夸赞着专员的衣服很漂亮、皮肤很白。

跟肖兵一起过来实习的有五个同事，而肖兵竟然是最后一个到的，这让他懊恼不已。当肖兵到了办公室的时候，他隐隐约约感受到了行政专员异样的目光以及其他同事不易察觉的优越感。

没办法，领导只看你最终到达的时间以及实现的结果，没人会关注你是从哪里开始的，又在路上干了些什么。

肖兵简直恨死自己了，还是起个大早赶个晚集。

肖兵在五个人中发现了一个熟悉的面孔，那就是哈佛博士王昊。关于王昊，不用再多做介绍。而至于其他人，其实也没必要去一一介绍了，因为其中好几个根本就是路人甲的角色，在这里露个脸就消失了并且永远不会再出现。

值得特别一提的可能是于红，因为他特别，特别得很。

于红是这一批新员工中唯一一个从别的证券公司跳槽过来的，而其他人都跟肖兵一样是刚从学校里出来的一穷二白的底子。

于红，是个男的，一个满脸胡子的大老爷们不知道哪个缺德的给起了一个这么委婉的名字。

于红，可能还算作是肖兵入行的第一位带头大哥，尽管时间不长且这个定位稍显模糊。

于红一看就是老江湖了，那简历好几页纸都没放得下，就好像这个世界全部的工作他一个人就都能干得了似的。

于红从 1993 年就开始工作，结果这一下子就没消停下来，先去林业局再到统计局，后来转到会计师事务所再后来去了一家小的券商。2004 年第一批保荐代表人考试，于红有幸成为了第一批，结果因为他没有足够重视，加上老婆生孩子，事情太多，就迷迷糊糊忘了去参加培训，结果第二年被取消了保荐代表人资格。等2006年这保荐代表人的行情一下子火起来的时候，再想报名考试结果自己的证券公司因为违规又被取消了保荐资格。唉，这哥们儿那个羡慕嫉妒恨啊，赶紧跳槽另谋出路吧，就到了中华证券公司了。

肖兵从心里上是认于红为带头大哥的，当然不单单因为他是第一个主动跟自己打招呼的人。当然，这个理由又足够分量。

其他同事一来到办公室都忙着围在行政专员的身旁，一边办理着实习的相关手续，一边夸赞着专员的衣服很漂亮、皮肤很白。

肖兵不喜欢这样，也不在行。就在肖兵不知道该怎么打开职场生涯第一天的局面的时候，于红走过来拍了下肖兵的肩膀："兄弟，过来实习的，那我们就是同事了，我叫于红。"

肖兵感觉很温暖，赶紧回答："你好，我叫肖兵。很高兴认识你。"

肖兵不是一个害羞的人，也并不是一个不善言辞的人，但是肖兵的最大毛病是，他不是一个主动性很强的人，主动跟别人打招呼不是他的强项。

肖兵跟于红聊得很投机，当然主要是肖兵听于红讲他的辉煌历史，而肖兵时不时幽默的插话起到了非常好的点缀作用。

于红显然对肖兵不喜欢的东西同样不是很感冒，这或许才是两个人有缘的地方。等其他几个同事手续办得差不多也实在没有新鲜词语去夸奖行政专员的时候，终于散去，回到了各自的座位上。

于是，于红带着肖兵过来办手续。行政专员显然对怠慢了的两位新员工稍微有些抱歉，加上刚才收到的赞美还是非常受用，对肖兵和于红的手续的办理非常迅速，一会儿就搞定了。

2

没有人随意，都是一口干了，每个人喝的酒是一样多的，不过反应却是大大不同的。有的人轻松咽下，没事；有的人像喝毒药一样咽下，没事；有的人下了很大的决心咽下，脸明显红了。

士兵的武器是枪，土豪的武器是钱，而投行人的武器是电脑，可以背着坐火车、乘飞机、打出租满世界跑的笔记本电脑。

肖兵没有笔记本电脑，而别人都有。别人都有武器，而肖兵没有。

肖兵写论文的时候基本上都是早上6点起床去图书馆排在队伍的第一名用图书馆的电脑写，一坐就是一天，中午都不出来生怕没了位子。

肖兵偷偷看了一圈，老员工的电脑都是统一品牌的，猜想应该是公司统一发的。刚来的同事电脑的品牌则是非常不统一，有戴尔也有惠普。肖兵想等我以后正式入职了应该也会有电脑的，可是我现在没有。

火上浇油的是，一位老员工看到了肖兵没有电脑，很善意地提醒他要准备一台电脑，不然很多工作都没法开展。

肖兵当然知道这个道理，他一下午都在飞快地转动脑子想想有什么办法可以让自己拥有一台电脑。借吕晓伟的无疑是最方便的，借个一时半会一天两天还行，这是要天天借甚至还要拿着出差，怎么着也不合适。出钱买一个二手的，中关村好像也就2000块钱，可是肖兵怎么想办法好像也凑不齐这笔钱。跟公司说说能不能先给自己发一个电脑，肖兵觉得不妥，还没正式办理入职手续就跟公司提条件会给领导留下不好的印象。

因为肖兵没有武器，这一天肖兵就等于枯坐了一天。

肖兵想了想，想得脑袋发麻，想得后背冒汗，想着想着就快到下班的时间了。

行政专员过来通知大家，下班之后先不要走，为了欢迎公司的新鲜血液，公司领导特意邀请大家一起共进晚餐，地点就在公司附近的海鲜大酒楼。

这是肖兵第一次进高档的饭馆，第一次真真切切感受到世界上好吃的美味除了红烧排骨和猪肘子之外其实还有很多很多。看到那么多好吃的，胃非常不争气地开始活动了，这让肖兵的肚子有些难受。

饭菜已经上来了，可是投行领导杨总还没有到场，大家都在安静地等待。显然，刚进来的员工都没把这顿晚宴放在心上，而是看作自己在领导面前好好表现的第一个也是绝佳的机会，同时也是领导考察员工综合素质的一个重要的方面。

领导大概在 15 分钟后姗姗来迟。后来肖兵才知道，领导迟到基本的理由就是刚才的会结束得晚了一些，而领导迟到更体现的是在公司的地位。是不是迟到的时间越久地位越高，肖兵不得而知。

肖兵一看，杨总原来就是曾经面试自己的坐在中间的面试官。肖兵想面试发生了那么多事情杨总肯定还记着自己，于是不由自主地想站起来跟杨总打个招呼。可是，杨总的目光从来就没有扫到这边来，就好像跟肖兵从来就没有见过，这让肖兵硬生生又把自己的屁股按在了椅子上。

后来肖兵才知道，在座的每个新员工杨总都面试过，都很熟悉。

很多时候，我们总是觉得我们是无比重要不可或缺的，但是有时候就是因为这种心态养成了我们的傲慢或者浮躁，影响了成长和发展。

杨总酒量很好，端起的酒杯足足有二两，然后发表了热情洋溢的讲话，大意无非是热烈欢迎大家并且希望大家能够成为中华证券公司未来的栋梁。杨总讲话完毕然后二两白酒一饮而尽，并说：“你们年轻人可以随意。”

没有人随意，都是一口干了，每个人喝的酒是一样多的，不过反应却是大大不同的。有的人轻松咽下，没事；有的人像喝毒药一样咽下，没事；有的人下了很大的决心咽下，脸明显红了。

肖兵属于第一种。肖兵五岁在老家就跟着父亲喝地瓜酿的老白干，对自己的酒量那是自信得很，更何况是茅台。

肖兵后来才知道，投行人的武器可不是笔记本电脑那么简单，酒量也算一种。

3

如果把这一段敬酒的画面拍下来，绝对可以直接作为中华证券公司的广告宣传片使用。大家都用最华丽的辞藻以及不同于别人的层次和角度去观察、去发表意见，一阵热闹的场面过后，饭桌上只剩下东倒西歪的酒瓶和依旧冒着白色泡沫洒了一桌子的啤酒。

杨总完成了自己的领导任务，话音未落，一位一看就是老员工的人也端了一杯与杨总同样多的酒，也以类似杨总的姿态和语气敬大家酒，以表示欢迎。

尽管肖兵猜不出杨总在瞬间发生的多次脸色变化所代表的含义，但每一个细节的变化肖兵都看在了眼里。或许是杨总不满这位老员工一下子抢了自己的风头，也许是杨总在赞许这位老员工会来事，能够撑得住场合。

这两种可能都很大，而这两种可能的含义差着十万八千里，所以不能轻易去猜，更不能轻易去下结论。肖兵干脆装糊涂。

难得糊涂。

这位老员工叫马明，以后还会跟肖兵打很多交道。

马明同样一干而尽，其他人同样也是一干而尽。喝完之后尽管很多人的脸色进一步变化，不过并没有实质性的结果发生，大家还是依旧看似淡定但也暗潮涌动。

大家都在等待一个机会，这个机会就是杨总的一声令下：“下面，大家自由活动吧。”

这就如同《英雄儿女》中王成拍着胸脯大无畏地高喊向我开炮，这如同是总攻的冲锋号已经嘹亮地响起，这如同前面就是铺满奶油和蜂蜜的大水果蛋糕，先到先得，场面一下子就混乱而热烈起来。

肖兵还没来得及反应过来，自己就被动地成为了离杨总最远的那个人。

大家都抱着誓死的决心，一个劲地往自己的酒杯里倒酒，就好像酒倒得越多自己的业务水平就越高，对领导和公司越忠诚度就越高，然后对着领导说一番一看就是打了很多遍底稿的话，然后把自己酒杯里的酒一干而尽。

敬完领导敬老员工，敬老员工那可是有讲究的，就跟政治局常委开会一样，要根据酒桌的座次来敬，一般越挨着杨总座位的应该就是资历比较老的，也是在公司地位比较高的，比如马明，就坐在杨总右手边的位置。

如果把这一段敬酒的画面拍下来，绝对可以直接作为中华证券公司的广告宣传片使用。大家都用最华丽的辞藻以及不同于别人的层次和角度去观察、去发表意见，一阵热闹的场面过后，饭桌上只剩下东倒西歪的酒瓶和依旧冒着白色泡沫洒了一桌子的啤酒。

肖兵虽然生性顽劣并且不服从管教，但是职场上这最基本的眼力劲儿他还是有的，他也知道这重要的机会还是要好好抓住的。

肖兵经过自己的努力也争取到了跟领导敬酒的机会，不过领导在打了一个大大的饱嗝之后说："我已经喝得很多了，就简单意思一下吧。"

这让肖兵心里说不出的难受。

那帮小子的话好像都是电熨斗似的，把杨总心里的沟沟坎坎都熨平了，说不出的舒坦。前面的话杨总已经足够受用，这褶子都已经熨平了，你就是再来一个马力再大的电熨斗效果也不是很明显了。

肖兵明白了这个道理，有时候一些东西还是要抢的。

4

其实，雪中送炭，从来都不是那么惊天动地，锣鼓喧天。

第二天，大家依旧是都早早地来到了办公室，并没有人提起昨天晚上发生的一切。一切平静如常，只有肖兵感觉不好。

肖兵还在为昨天晚上糟糕的表现而懊恼，同时工作武器的事情依旧没有一个完美的解决方案。

这时，于红走到肖兵的旁边，把一个看起来都有些发白的电脑包放到了肖兵的桌子上，依旧轻描淡写地对肖兵说："这是我以前用的旧电脑，你要是不嫌弃就先凑合用着，干我们这行没有这玩意儿可不行。"

这简直是帮了肖兵的大忙，刚要开口好好谢谢于红，可人老兄早就坐到了自己的位子上了。

其实，雪中送炭，从来都不是那么惊天动地、锣鼓喧天。

肖兵长长舒了一口气，决定下一步要好好工作，把以前的失误弥补回来。

至于投行工作的初体验，肖兵下午就真真切切地感受到了。

本来上午还是好好地坐满了一大办公室的人，结果吃过中午饭就只剩下肖兵和行政专员了。

两个老员工带了两个新员工直接出差做项目去了，两个老员工没有带新员工去见老客户商量方案去了，还有一个老员工带着两个新员工去拜访客户投标竞争项目去了。

老员工选择带哪个新员工是有讲究的，一般情况下都会选择自己看着顺眼的或者是自己心里比较满意的，当然这其中专业的业务水平也很重要，谁都希望自己手下的小弟骁勇善战。不过，在大家水平都还没有分出层次的情况下，那么老员工第一感觉就是选择的标准了。

尽管没有人再去说，但是昨晚的酒看来还是起了很大的作用，肖兵这样判断。要不然，为什么没有人愿意给我安排活呢，穿“小鞋”也不能这么快吧？

肖兵有些多虑了。哪能呢，就在肖兵挤公交车准备回学校的时候，肖兵接到了杨总的电话，说明天跟他一起去北京的郊区开一个项目协调会。

这让肖兵差点从公交车上跳起来。肖兵心里想：乖乖，领导给我打电话让我亲自陪他去见客户，这说明自己的地位在所有新员工中是最高的，这说明领导是重视自己的。

通过这件事，肖兵非常严肃地警告自己：以后不能胡乱判断，轻易下结论，自己只要能够做好自己的事情，就一定会受到领导的重视和赞赏。

肖兵曾经想把这个作为自己终生奋斗的人生信条并忠贞不渝，不过残酷的现实很快就告诉他：其实，问题并没有你想象的那么简单。

5

杨总的意思很明白，第一次不怪你，但是以后如果还记不住就有问题了。从此，杨总的车牌号码仅排在肖兵生日之后，成为肖兵心目中非常重要的一组数字。

肖兵坐杨总的车去企业参加协调会，两个人约定肖兵在办公楼的正门口附近等，杨总开车过来两个人直接上高速。

肖兵知道肯定不能让领导等，于是早早就到了约定的地点，可是为什么到了约定的时间领导还没有到呢？

就在肖兵还在想领导可能堵车的时候，杨总已经站在一辆车的前面招手喊肖兵赶紧过去。是不是领导已经早到了，是不是领导早就站在那里了，是不是已经喊我好几声我都没有听到？肖兵还来不及想这些问题，就赶紧跑到杨总的车前。

肖兵是想好好跟领导解释一下原因的，但是杨总根本就没有给他这个机会直接钻进车里发动了机器。

等上了高速，杨总先解释了一下：“你刚才站的那个门我开车不能过去，过去之后再出来很麻烦的。”

肖兵看杨总主动跟自己讲话，赶紧接过话茬跟杨总解释：“杨总不好意思，这个我不是很懂。”

杨总好像没有听到肖兵讲话似的，还是接着自己刚才的话题继续下去：“你是第一次见我的车，不知道我的车牌号，这个不怪你。”

杨总的意思很明白，第一次不怪你，但是以后如果还记不住就有问题了。从此，杨总的车牌号码仅排在肖兵生日之后，成为肖兵心目中非常重要的一组数字。

员工跟领导一起坐车或者开车是一件非常有学问的事情，不能闷也不能过。

太闷了，你不仅失去了一次很好的在领导面前表现自己特长和才能的机会，还会给领导留下不善言谈团队合作能力不够的坏印象；太过了，你不仅给领导的印象可能是太多轻浮而没有内涵，关键是言多必失，很有可能给自己埋下了后续的地雷和隐患。

而不幸的是，肖兵做了前者，很闷的那个。刚开始，领导还会不咸不淡地问肖兵是哪里人，对公司了解多少之类的，再后来，领导不问肖兵也不回答，车里只剩下发动机的轰鸣声。

好在车程并不是很长，半个小时的时间就到了。肖兵他们到企业的时候，企业老板已经在办公室门前毕恭毕敬地等候了。

杨总显然已经不是第一次到企业，杨总跟企业的人员都已经很熟悉了，见面不免先要开个玩笑打打牙祭，然后是有说有笑地开始开会。

这是一次普通的中介机构协调会，并没有多少内容，或者说可能有很多内容但是肖兵并不一定听得懂。

这一次，杨总负责发言，肖兵负责记录，肖兵要在会后将会议纪要发给企业和各家中介机构。记录会议纪要，这应该是投行新兵蛋子最基本的工作，就跟在政府单位给领导打水倒茶一般。

会议开了一个小时就结束了，企业执意要留杨总吃饭，杨总说一会还有重要的会议，谢绝了。

开车回来，一路上依旧很闷。杨总交代肖兵明天上午上班之前把整理好的会议纪要发给他先看一下，肖兵回答说好。

仅此而已。

肖兵后来把这件事情跟自己的老大哥于红说了，于红笑了笑说："没关系，你只要做好自己，用自己的本领说话就好了，不要在乎太多，我们也管不了太多。"

不过，最后于红还是跟肖兵说了一件王昊的事情："王昊也是第一次跟杨总坐车，王昊很容易就找到了杨总喜欢打牌和喝酒的兴趣爱好，然后两个人一路相谈甚欢，最后杨总还单独约王昊以后可以一起打牌。"

6

中午是自助餐，有肉有菜有水果有馒头，还是相当的丰富。这对于在学校一个星期只能吃一次肉的肖兵来说，简直就是死了也挡不住的诱惑。

杨总跟企业说好的下午有重要的会议并没有出现，杨总一下午不过是在办公室里转来转去，除了跟几个朋友约好周末打牌之外并没有其他事项。

肖兵猜测杨总应该是有意躲着上午企业的人，或者是其他人。善意的谎言，在这个行业里非常常见，倒也不用大惊小怪。

今天是肖兵来实习的第三天，却是第一次在公司吃午饭，前两天都因为学校还有些事情没有过来。

午饭时间刚到，办公室立马骚动起来，几个新员工就像是听到什么命令一般迅速行动，不是跑向餐厅，而是赶紧招呼老员工一起吃饭。王昊显然更有面子，直接跑到杨总办公室，准备喊杨总一起吃饭。

杨总说中午还有一点事情，就不过去吃饭了。王昊显然有着超强的调整能力，邀请杨总不成，立马又加入争夺老员工的行列中，并且一切是那么自然，没有任何的违和感。

到了餐厅，新员工仍旧不敢有丝毫懈怠，要不占位置要不端盘子要不就是推荐哪个菜好吃，忙得不亦乐乎。只有于红和肖兵，就好像别人都是天真烂漫、善良纯洁的喜羊羊，而这两位就好像是不怀好意、一肚子坏水的灰太狼似的。

肖兵和于红打好了饭，两个人刻意找了个稍微偏僻的位子坐下来。于红尽管是新来的，不过凭他的超豪华经历早就不能看作是新员工，甚至都超过了很多老员工，因而于红也是新员工拉拢的对象。

他们喊于红一起过去吃饭，于红说在这里吃挺好的。他们也会稍带喊肖兵一起过去吃饭，肖兵也说在这边挺好的。

中午是自助餐，有肉有菜有水果有馒头，还是相当的丰富。这对于在学校一个星期只能吃一次肉的肖兵来说，简直就是死了也挡不住的诱惑。

肖兵第一次觉得吃饭竟然是这么享受的一件事情，第一次盛的饭一会儿就吃完了，肖兵就又去盛了一点，为了不让别人怀疑自己吃得多，这次只是稍微增加了一点。吃完这一点，肖兵觉得怎么还没有吃饱，就好像这顿饭肖兵怎么都吃不饱似的。

肖兵不好意思再加饭了，只是把盘子里的菜吃得是一干二净。于红倒是吃得不多，最后还把自己没有吃完的两个小点心给了肖兵，嘱咐肖兵要多吃点，年轻人多吃才有力气干活。

吃完午饭于红要出去走走问肖兵去不去，肖兵还惦记着下午要写会议纪要，就说不去了。于红没有坚持，说自己已经过了三十五岁了，身体已经需要休息和保养了，不像你们年轻人了。

因为这是肖兵独立完成的第一份要交给领导的文件，所以肖兵做得格外用心也格外小心。他努力回忆上午会议上领导说的每一字每一句，并疯狂转动脑子用最华丽和贴切的语言表达出来，以保证逻辑缜密、思路清晰。

肖兵上小学的时候写的作文就得过奖，到了中学和大学都是学校记者团的主力成员，因此肖兵对于写作这一方面一直有着天然的自信。

不过，当肖兵把会议纪要的邮件发给杨总的时候，心里还是很忐忑、很紧张，这种感觉唯一能够与之匹敌的就是高考时交上试卷的那一刻，在猜想自己到底能不能考上大学。

很快，杨总就对肖兵的报告给了回复。当肖兵来到杨总办公室的时候，肖兵就觉得大事有些不妙。

杨总显然对肖兵的这份报告非常不满：“小肖，你是刚来我们公司这个我可以理解，但是你这份东西离我的想象差得实在是太远了。会议纪要发送对象是财务总监不是财务经理，公司的领导是总经理不是董事长，并且纪要里还有很多隐藏的错别字。这些小的细节别看不起眼，在客户眼里只要有这些小错误，其他你写得再好也没有用了。”

杨总补充道：“就好像一个人，如果你穿的衣物扣子没有扣好，就算是你上知天文下知地理都不一定还有没有表现的机会。现在这个社会，第一印象特别重要。”

肖兵从这里开始初步理解了作为中介机构在服务客户时一些形式内容以及细节的重要性。从此，肖兵也养成了一个习惯，每次做完文件必须打印出来逐字逐句地对照，保证不能出现任何低级的细节错误。

细节，决定成败。

杨总说完形式上的一些问题，然后再说内容上的，核心的一个不满意的地方就是：整个会议纪要并没有把握住当天会议的核心内容。杨总又给肖兵简单提示了一下，肖兵拿回来修改。

这个会议纪要肖兵一共改了四次，最后才正式发给客户。对于这件事情，肖兵对杨总还是很感激的，能够有领导亲自手把手地教你做一些事情，绝对是你的福气。同时，肖兵比较丧气的是，杨总是不是对自己的印象又要扣分了，竟然一份会议纪要都要修改那么多次。

福祸相依，人生历来如此。

7

高官厚禄，这是多少人梦寐以求的梦想。也就是在这个梦想面前，又有多少人会坚守曾经的坚持。

后面的几天，肖兵的实习内容比较平淡，四个字总结就是：业务学习。

平淡中总会有惊人的事情发生。今天，一大早办公室就在疯传一个惊人的消息，跟肖兵一起来的一个新同事工作关系办了一半就辞职了，跑到另外一家证券公司去了。

对于离职的原因，每个人都在争相表达着自己所了解的内幕，肖兵没有任何内幕的消息，倒把大家的消息简单进行了总结，成为了那个了解情况最全面的人。踏踏实实地做往往比浩浩荡荡地说，更有收获。

那位同事离职的原因主要有两个：一个原因是投行的频繁出差和快节奏太吓人了，那位同事选择了另外一家券商的后台部门；另外一个原因是那家券商的工资要比中华公司高出一大截。

大家比较一致的看法是：前一个理由过于冠冕堂皇，后一个理由才是不能说的秘密。

如果说这位新同事的离开，让杨总感觉到的只是对一个好苗子离开的惋惜，那么没过几天另外一位保荐代表人的闪电辞职倒确实让杨总震怒。

这名保代是杨总一手招聘进公司的，当时因为他学历不符合标准而一度被公司拒绝，是杨总力排众议留下他。在准备考试的时候，杨总为了鼓励他也是开了绿灯，为他放了一个月的假保证他安心准备考试。考试通过了，杨总为了保证他能够早日注册，花费了自己好多人品从公司另外业务部门抢了一个好的项目让他签字。

这名保代也算是不负众望，一路是顺风顺水，成功成为了保荐代表人。

杨总本来以为他可以成为自己业务上的左膀右臂，想不到自己的胳膊还没长得茁壮就狠心地抛弃了自己。

据说，这名保代去另外那家公司可以得到比现在高一倍的工资，且光转会费就可以买一间大房子。这还不是全部，关键是去那家公司会有一个部门负责人的职位等着他。

高官厚禄，这是多少人梦寐以求的梦想。也就是在这个梦想面前，又有多少人会坚守曾经的坚持。

肖兵一边羡慕嫉妒，一边恨。羡慕的是人家能够一路青云，在最短的时间实现了自己的梦想，恨的是其竟然不顾曾经的情谊，为了钱而离开。

肖兵从心里决定也要快一点实现这名保代的成就，同时自己绝对不会因为钱而放弃中华公司。不过，有时候梦想在现实面前，简直就是一个不值得一放的屁。

铁打的营盘流水的兵，来来往往无可厚非，不过肖兵还是真真切切地体会到了证券这个行业人员的流动性，远远超过很多人的想象。

吃过午饭，马明来找肖兵，说在国贸有一个项目，要肖兵去那里打印他们前期做的尽职调查的工作底稿。

肖兵马上打开电脑查找坐地铁的路线，马明说：“直接打车去就行，回头你把小票留着拿给我报销。”马明说完就不再理肖兵，只是告诉了肖兵要去的地址。

肖兵不是很喜欢马明那种倚老卖老的样子，就好像报销是他给掏腰包似的。肖兵也不想初来公司就给公司添麻烦，万一给领导留下不好的印象就不好了，所以肖兵还是决定坐地铁或者公交去。

想不到，就是这样一件小事情，还是给了肖兵很大的教训。

8

我们总是会遇到学习的理论知识与现实状况相冲突的情形，不知道是我们学习的理论过于陈旧，还是因为我们面对的现实太过于豪放。

从公司到国贸还没有直接到的地铁，肖兵决定还是坐公交车过去，结果公交车半路抛了锚，要等着下一辆公交车过来，这样就在路上耽误了一些时间。

肖兵来到公司前台说要找董事会秘书，前台说董秘可能马上要出门，让肖兵赶紧过去找他。

等肖兵来到董秘办公室的时候，董秘的屁股已经离开了椅子正准备往外走，肖兵赶紧自我家门，说明意图。

董秘一看肖兵脸色立马有些不好看了："我不是跟你们马总约的 2 点半吗，我都多等了你们 15 分钟了。我来不及了，一会儿你直接跟办公室的人联系拿工作底稿吧。"

就在董秘和肖兵等办公室主任过来的空闲，董秘向肖兵"请教"了一个关于独立董事的问题。

肖兵觉得这是一个非常好的让董秘对自己印象变好的机会，所以一定要抓住，加上肖兵毕业论文就是写的中国上市公司的公司治理制度，对这块业务还是非常熟悉的，所以就给董秘洋洋洒洒讲了很多。

董秘听完没有任何反应和表示，只是交代办公室主任与肖兵交接工作底稿的问题。

肖兵回到公司心里莫名地感觉有些不踏实，就想上网验证一下自己回答问题是否正确，肖兵将问题的情形描述了一下，结果发现实务中的做法并不是肖兵回答的那个样子。

我们总是会遇到学习的理论知识与现实状况相冲突的情形，不知道是我们学习的理论过于陈旧，还是因为我们面对的现实太过于豪放。

肖兵错了，肖兵第一次给客户回答的问题就不是一个正确的答案，或者说肖兵给出的答案理论上没有问题，但是在实践中却是行不通的一个方案。

肖兵当时并没有觉得这个小错误会有什么大问题，大不了下次注意了就是。可是没想到，就是这个小错误却成为肖兵参与第一个项目真正的噩梦。

因为，你给客户的第一印象就是不专业，客户给你的直接反馈就是不信任，客户对你不信任的印象一旦建立，你再想改变这个印象就要付出很大的代价，甚至不可能了。

还不止如此，肖兵回到公司屁股刚坐到凳子上，马明就过来问他："怎么这么晚才回来？"

肖兵赶紧解释自己坐公交车路上发生的一切，马明说："要你打车就打车，我们打车并不是为了让自己舒服，主要是为了服务好客户。本来我们跟客户约好了时间，如果我们迟到客户会非常不高兴甚至一个很好的机会就丧失掉了。"

作为中介机构，准时和专业非常重要，因为我们就是普普通通的服务者，与小时工或者服务员没有本质区别。

9

人生都会有很多的第一次：第一次喊妈妈，第一次走路，第一次打篮球，第一次牵女孩子的手脸红，第一次考试不及格，第一次毕业参加工作，第一次跟同事喝酒，第一次被领导骂。

肖兵实习了一个多月，就迎来了毕业时节。毕业典礼定在 7 月 10 日，而恰恰不巧的是，肖兵 7 月 10 日要去参加中华证券公司的年中总结会议。

去参加会议，就会失去参加毕业典礼的机会，毕业照上就会缺了自己。去参加毕业典礼，就会少了一次去跟新同事认识的机会，也少了一个让公司领导认识自己的机会，当然也少了一次坐飞机和住五星级酒店的机会。

这是一个艰难的选择，肖兵选择了后者。当肖兵日后找出那张唯独缺少了自己的毕业照时，问问自己是否遗憾，感觉并没有那么明显。

照片上的有些人一下子已经很难想起他的名字，有些人就算一直未见也一直在脑海打转好像从未来开。同窗情谊，兄弟情怀，不会因为一张照片而变浓，也不会因为一张照片而褪色。

吕晓伟也支持肖兵去参加公司会议，这让肖兵更加坚定了自己的选择，吕晓伟说："照不照相没关系，我就等你回来喝酒。"

肖兵第一次坐飞机，就怕出什么洋相让别人看不起，于是肖兵选择跟随战略，一直跟在于红的身边，于红走到哪里他就走到哪里，于红做什么肖兵也做什么。

办登机牌的时候，当于红和其他同事都拿出一张卡来办理手续时，肖兵有些紧张了。肖兵心里想："公司不是说好统一订机票吗，怎么还要花钱买呢，有可能是自己先买了拿回去报销，那我没有那么多钱怎么办，我的口袋里只有 200 块钱的生活费。"

肖兵赶紧问于红是不是需要自己买票，于红倒没有关注到肖兵瞬间的脸色变化，或者是装作没有注意到。于红轻描淡写地说：“这是航空公司的积分卡，就是积点分以后可以兑换机票，不是买机票。”

肖兵还是不放心：“那就是机票的钱已经付过了呗？”

于红回答：“是的。这个行政专员都已经办好了。”

人生都会有很多的第一次：第一次喊妈妈，第一次走路，第一次打篮球，第一次牵女孩子的手脸红，第一次考试不及格，第一次毕业参加工作，第一次跟同事喝酒，第一次被领导骂。

这是肖兵第一次坐飞机，有很多以往没有过的感受。飞机上的座位并没有那么舒服，以前坐大巴车老是宣传自己是航空座椅，原来大巴车并没有夸大宣传。

肖兵像一个老色鬼一样盯着每一个空姐看，看来看去觉得空姐并没有想象中的那么光彩照人。到了饭点飞机上还可以供应午饭和晚饭，尽管味道不怎么样，但还是要远胜过大巴和火车的。

飞机下降的时候肖兵还是有些害怕的，但是那种有点自由落体的感觉又很刺激，后来肖兵还慢慢喜欢上了那种感觉。

年中总结会议并没有肖兵想象的那么有收获。

首先是领导讲话，总结过去，展望未来。过去无非都是成果辉煌的不过还是有很多不足的，所以未来我们还需要继续努力，创造更大的辉煌。领导层面的东西肖兵觉得跟自己关系不是很大，肖兵都还没有正式入职呢。

然后就是大规模的、密密麻麻的业务培训。几个人轮着在台上一边放课件一边口干舌燥、嗓子冒烟地讲解，台下的人要不昏昏欲睡，要不就是玩手机打游戏，再要不就是打电话联系业务，就好像突然之间会议这几天业务忙了好多。对于那些专业的业务问题，肖兵几乎是怎么也听不懂，尽管努力控制着自己，还是很容易就让自己睡着了。

白天干工作的事情，晚上就是生活的事情。

第一项就是聚餐喝酒，同事给领导敬酒，领导给大家敬酒，领导之间喝酒，同事之间灌酒。酒越喝越多，气氛越来越嗨，就算是说话声音越来越大，基本上也彼此听不清楚都在说什么，不过谁又会关心你说了什么呢？

第二项就是唱歌打牌，中国歌唱节目火遍大江南北跟中国 KTV 行业的快速发展有着直接的联系，而斗地主则成为了金融业除了工作之外最饱满的精神食粮。

肖兵本来希望可以利用年中会议的机会，在领导面前表达一下自己的观点，能够跟更多的同事交个朋友。不过肖兵发现，肖兵跟同事打招呼的时候都已经迷迷糊糊了，或许明天醒完酒之后就不一定记得昨天的事情了。

肖兵给领导敬的酒不过是领导喝的全部酒的几十分之一甚至是几百分之一，领导如果能够记得自己，除非你在酒里下毒。

这次会议，肖兵没有实现自己的全部愿望，不过肖兵好像也没有太多的失望，至少肖兵第一时间参与了投行业务很重要的一部分内容。

不管热闹还是萧落，不管有用还是无效，会议都是投行工作很重要的一部分。

10

洗手池的陶瓷闪着洁白的光芒，就好像一个贴心的人微笑着在向你打招呼，打开水龙头没有什么声音，远不像学校洗手间里的水龙头，一打开整栋楼都在抖。

参加工作会议，对于肖兵来说，还有一个收获，那就是第一次住了五星级酒店。

如果说第一次坐飞机的感觉并没有肖兵想得那么好，那么第一次住五星级酒店给肖兵的感受那是远远超乎了想象。肖兵早就给自己梦想中的酒店画了一个蓝图，不过真实的状况还是比肖兵想象的好很多。

床是那么大，简直都赶上肖兵住的整个宿舍那么大了，一个人睡在上面情不自禁地就想打几个滚，不然就觉得浪费了这么大的面积。

床单那么白，并且没有一个皱褶，肖兵都怕自己好几天没洗澡的身体玷污了这雪白的床单，于是肖兵在扒光了自己好好冲了个澡之后才钻进了被窝。

马桶那么大，就算肖兵的屁股再大坐上去也没有坐不开的感觉，比学校餐厅的那个好像只能坐半个屁股的不知好上多少倍。

洗手池的陶瓷闪着洁白的光芒，就好像一个贴心的人微笑着在向你打招呼，打开水龙头没有什么声音，远不像学校洗手间里的水龙头，一打开整栋楼都在抖。水的温度可以自动调节，你要多热就多热，你要多冷就多冷。

电视尺寸是很大的，节目也是高清的，并且频道非常丰富，肖兵最喜欢的体育频道全部都能找到，关键是电视不会像在电脑上看网络电视那样，只要隔壁的哪位挨千刀的一开始下载电影这电脑画面就卡得要死，一场足球赛差不多要看三个小时。

地毯是柔软的，一定要光着脚踩上去才能感受到那种质地，肖兵真想一天到晚就在酒店里走来走去或者躺在床上，不然真是浪费了一天的房钱。

最后，还忘了说最最关键的，那就是酒店里还有免费的洗发水、沐浴露和肥皂，免费的红茶、绿茶、咖啡和矿泉水。那质量一看都比学校超市里卖的质量要好很多，而且还不要钱，于是肖兵实施了“三光政策”，全部放到自己书包里拿走了。最后退房的时候，肖兵还有些忐忑，万一被发现是不是会比较尴尬，结果人家根本就不在意，这让肖兵心彻底落了地。

肖兵每次看到一个美好的事物，都会去想象这个东西要是属于我该多好，并且会为这个目标暗暗努力。对于五星级酒店，肖兵肯定是不敢想天天都能够住得起了，一年住上那么一两次就可以了。

肖兵倒是真的希望能够在北京尽快买下房子，到时候不管多大面积都要按照五星级酒店的标准去装修，那样愿望不也就实现了？

三天的会议结束后，肖兵回到学校却发现学校已经沦陷，整个学校放眼看去都是收快递或者送快递的，要不就是开黑车拉私活主要负责搬家的面包车司机。

毕业的那一天终于还是到了，伤感。

肖兵回到宿舍，发现宿舍已经像被鬼子扫荡了一番，完全没了原来的模样，除了已经整理好的大包小包之外，地上床上散落着各种各样的东西，包括很多早已经失散多年今天又能够重逢的东西，比如一只球鞋、大学四六级复习考试磁带、苍老师精选集的光盘、番茄花园的系统盘、曾经给女朋友写的情书等。

很多东西都变了，唯独没变的是吕晓伟。

11

你我今日分离，必定天南海北不同方向，每个人有了每个人的路途，每个人慢慢有了每个人的牵绊。此刻分离之后，以后相见也难，倒不是路途遥远交通不便，只是曾经的率真和无邪一定会被尘俗和无奈慢慢覆盖，尘封入土。

吕晓伟依旧穿着那件篮球运动服，好像他脱了这身衣服就会立马死去似的。

床头上依旧放着吕晓伟经典的午餐，油饼加花生米，现在都下午了吕晓伟的午餐还没消灭，看来是繁重的打包整理工作影响了吃饭时间。书桌上那台陪伴了吕晓伟和肖兵三年时光的大块头电脑已经穿上了防护服，应该马上就会坐上火车搬家到另外一个地方工作了。

吕晓伟正撅着屁股在给自己的一个包裹打包，并没有发现肖兵回来了。

肖兵狠狠地拍了一下吕晓伟的屁股，算是打招呼。吕晓伟回头看到肖兵，表情并没有什么变化，只是随口说了句"回来了"，然后埋头又去打包自己的东西。

过了几分钟，吕晓伟忙完了手头的活，随手抓起床头的油饼狼吞虎咽起来，然后盯着肖兵说："我是掐着日子等你回来，晚上我们出去喝酒，明天我就走了。"

肖兵早就意识到吕晓伟可能要追随他的女朋友回到老家去工作，并且已经做好了充足的准备，不过没想到会那么快。说不定不是这件事情呢，于是肖兵问了一句："去哪儿？"

吕晓伟打了肖兵一锤："操，回老家工作啊。我老丈人已经催了好几次了，反正学校也没什么事情了，我就回去了也省得清净，要不然他们父女两个一老一少都快把我的耳膜给穿孔了。"

吕晓伟还想把气氛搞得幽默一些，说着说着自己都发现在这种情况下已经是不可能完成的任务，眼圈慢慢就红了。肖兵想帮着吕晓伟把气氛搞起来，结果发现自己更做不到，眼泪都已经在眼眶里晃悠了。

肖兵说："好，给你饯行，兄弟。"

吕晓伟没再说什么，只说："去银行工作，老丈人的老部下是领导。"

肖兵发现了一个细节，那就是吕晓伟已经改口他的女朋友的父亲为老丈人了，这也说明在吕晓伟的心里已经认可了这门亲事以及因为这门亲事而导致的自己的命运被做的一系列安排。

这对吕晓伟来说，是好事情还是坏事情，肖兵拿不定主意。不过，肖兵真心祝福吕晓伟一切都好。

晚上的酒局并没有多少新意，无非是喝酒、吹牛、骂娘、抱头痛哭。

散伙饭，喝酒是必须的，而且一定要喝醉。不管是五块钱的二锅头还是几十块钱的劣质红酒，只要是有酒精味道的都可以往嘴里送，就好像这顿饭之后大家都没了喝酒的机会，一定要把一辈子的酒都喝完。

喝酒喝得迷迷糊糊的，这人胆小的也胆大了，不该说的话也敢说了，憋了好几年的秘密也愿意与大家分享了，比如：骂学校领导只管自己当官舒服不管学生死活，学生食堂的饭菜猪都不爱吃也不管理；骂导师收了送的礼物结果论文答辩差点还是没过；吹牛自己曾经去过女生宿舍并发现了很多秘密；学院里的女神曾经主动约自己吃饭自己都没稀罕去。

当然，每个人在学校的生活都会有那么多的遗憾，有的是遗憾轰轰烈烈的爱情没有收获到一个结果，有的遗憾没有好好上课考证书结果找工作的时候受人鄙视。

酒喝得差不多了，话说得也差不多了，就到了话离别的时刻。不管是大老爷们还是小丫头片子，一般都是说不了几句话都是泣不成声，最后只能抱头痛哭，哭完之后就上气不接下气地互相叮嘱：以后一定要经常联系，以后结婚生子一定要通知我去喝喜酒。

谈何容易。

你我今日分离，必定天南海北不同方向，每个人有了每个人的路途，每个人慢慢有了每个人的牵绊。此刻分离之后，以后相见也难，倒不是路途遥远交通不便，只是曾经的率真和无邪一定会被尘俗和无奈慢慢覆盖，尘封入土。

吕晓伟走了，肖兵没有去送他。

12

我们将最美好的青春送给了那哭哭笑笑的几年，希望我们每个人都没有虚度，不论是欢笑和泪水。毕竟美好年华只有一次，只有短暂的几年。青春如此珍贵。

肖兵毕业之后没有舟车劳顿的麻烦，自然也就轻松了不少。不过，租个房子作为自己的安身之所却已经是迫在眉睫的任务，毕竟学校逼宫的告示已经贴满了整个校园。

当新生入学的时候，我们是意气风发、斗志昂扬，学校是锣鼓喧天、热烈欢迎。当我们作为老生毕业离校的时候，我们有诸多遗憾又有几分惆怅，学校是一片沉寂，恕不远送。

我们将最美好的青春送给了那哭哭笑笑的几年，希望我们每个人都没有虚度，不论是欢笑和泪水。毕竟美好年华只有一次，只有短暂的几年。青春如此珍贵。

肖兵到学校门口的房屋中介打听了一下，才知道学校一年 600 块钱的住宿费简直就是友情跳楼价，20 世纪 70 年代的房子的一居竟然租赁价格也要 3000 块钱。

肖兵倒吸了一口凉气，奶奶的乖乖，灰溜溜地撤退了。肖兵现在实习的工资一个月只有 1000 块钱，怎么着也得吃饭吧，这么高的房价怎么能够吃得消？

肖兵心里想，学校所处的位置是繁华地段，房价自然会很贵了，不行就往远一点的地方租吧，反正自己年轻，大不了就早点起晚点睡，身体还是能够抗得了几年的。

房价就好像全副武装还配有重型武器的可怕的有点不可战胜的敌人，而肖兵就好像是赤身裸体手无寸铁任人宰割的小绵羊。敌人步步紧逼，小绵羊节节倒退。从三环到四环再到五环，不能再退了，再退，都没有公交车直达了。

肖兵在五环外一公里处找到了一间价格还能接受的房子，既然价格还能接受，那么房子的质量就不能要求太高了。如果按照一居室的严格标准来衡量，那么这个只能算是0.8居，因为客厅就是一个仅能走人的通道，不过卧室倒还比较大，能够放下一张双人床。

房子的年代已经无法考究，肖兵问过三个中介的人，结果三个人说的年代都不一样，且每个人说的都差了十多年，肖兵管不了那么多了，反正自己住着不塌就行。

房子由于肖兵是从上一家租客手里接过来的，已经斑驳不堪的墙上还留有原来租客浓重的印记，比如墙上记的电话号码，干了黏在墙上的方便面残渣，电磁炉做饭熏出来的一个个大大的黑斑，等等。

就是这样一间惨绝人寰的房子，租赁价格竟然也要1000块钱，肖兵实在是觉得还是挺贵的。但是贵也没办法，你不愿意租还有的是人愿意租，你不愿意租就只能回老家租了。

肖兵只能咬咬牙租下来了，不过好消息是，肖兵的一个高中同学刚好因为业务关系调到了北京来，两个人联系上后第一件共同面对的事竟然就是租房子的问题，于是两个人决定合租下来。

从此，肖兵开始了一段跟一个男人同在一张床上睡觉的非凡历程。

租房子的人吃饭也是个问题。肖兵一般是早上不吃忍着，中午在单位狠狠地吃上一顿，晚上要不就在路边买个玉米，要不就去楼下自行车棚的麻辣烫摊子上吃五块钱的麻辣烫。曾经有一个罪名叫挖社会主义墙角，肖兵的罪名就是吃国有企业午饭。

如果是周末，肖兵和同学就去方便的饭馆点一份回锅肉然后点上两碗米饭，吃得干干净净连盘子都替店家“刷”干净，就算是解馋了。

至于做饭，先别说两个大男人实在是没有这个兴致，关键是那个人进去就转不了身的厨房早就被苍蝇霸占安了家，谁要是敢过去那些坏家伙就蜂拥而出要跟人拼命似的，闹得肖兵都有了心理障碍，哪还有做饭的兴趣。

就算是做了饭，也没有胃口吃。

肖兵站到了最后一班岗，在学校规定的最后一天离开学校。

肖兵很骄傲地打了个出租车来运送自己的行李物品，因为这个打车费可以混在公务打车的费用一起报销，所以肖兵打得很豪迈，也很放心。

不过肖兵显然并不是出租车司机喜欢拉的客人，因为肖兵除了一个大活人还有很多行李要一起搬运。

出租车司机一直骂骂咧咧地说出租车是拉人的不是拉货的，拉你一个活根本就不赚钱实在是倒霉了之类的。肖兵就装作没听见，还是一个劲往里面塞行李。

不过，当肖兵准备把自己精心留下的书再往里塞的时候，出租车司机彻底爆发了，肖兵也觉得有些过分了，把那些书就地给卖了。由于卖得仓促，只卖了五块钱，肖兵知道，这些书贩整理一下再卖给下一届的学弟学妹，一本至少可以卖五块钱。

肖兵想，我来的时候没有带什么，我走的时候，也就什么也不带走，我带走的只有我曾经学过的知识和充实的头脑。

最后说一句，学生会主席袁新也算是实现了自己的梦想，成功考上了公务员，从一个小仕途走向了一个大仕途。

Chapter 3

小江湖
想躲也躲不过

投行十年

1

肖兵打这个电话，骨子里都透着一股牛逼的豪迈和自豪，肖兵要让父亲把曾经因为借钱给肖兵读书而丢掉的面子和尊严一股脑地都要回来。

肖兵拿到毕业证和派遣证，第一时间交给了公司人力资源部办理正式入职手续，因为办完手续肖兵就可以拿正式员工的工资了，所以这让肖兵有些迫不及待。

办手续的程序并没有肖兵想象的那么复杂，肖兵只是在一些文件上签了字，然后等了一周的时间，就拿到了正式手续。

公司为了对新员工正式入职的欢迎以及帮助，还先发一个月的工资给新员工，主要目的是解决刚毕业学生的燃眉之急。租房子需要钱，买点简单的家具需要钱，买身过得去的衣服也需要钱，反正初来乍到，什么地方都需要钱。

这让肖兵非常感动，觉得公司还是很有人情味的。对于一个刚踏入社会的学生来说，能够在第一时间让他们感受到社会的温暖和公司整个大家庭的关怀，是如此的珍贵，或许这个小小的举动会影响他一生的职业生涯，甚至人生。

什么是中国好雇主，就是哪怕多帮自己的员工多想那么一点点。

我们都说祸不单行，其实幸福和惊喜有时候也是那么趋炎附势，当第一个来到的时候，其他的也是接踵而至。

肖兵不仅成为正式员工，领到了第一个月的工资，并且肖兵一直梦寐以求的武器——笔记本电脑也到手了。

这是肖兵第一次近距离接触一台崭新的笔记本电脑，更何况是自己可以直接拥有的。键盘那么的柔软，屏幕那么的光洁，运行速度是如此的高效，天啊，简直就爱死了。

肖兵实在是兴奋得很，暗地里下决心，一定要用这高端武器打出自己的一片天地。

尽管第一个月的工资最后到手只有3000块钱，肖兵已经觉得很满足了。对于一个一穷二白、毫无工作经验的学生来说，没有什么能比一个美好的工作来开启自己一生的职业生涯更重要的了，不是吗？

傻人有傻福，或许这样形容肖兵再恰当不过。就在肖兵已经满足于梦想的开始，正在为更高的目标而下定决心努力的时候，一个大馅饼再次砸到了肖兵的头上。

天上掉馅饼，在2007年的资本市场的确发生了。

那天肖兵刚到办公室，就看大家都在热闹地讨论，并且是越讨论越热闹，还时不时传出欢呼声，完全没有顾忌现在已经是上班时间，也完全没有了平常上班时的严肃平静。

肖兵赶紧凑过去也听一下，原来大家是在讨论发奖金的事情。讨论钱的问题，总是那么热烈和兴奋。只放肆，不克制。

肖兵一下子没了兴致，以前只听说过年底发奖金的，想不到还有一年过到一半就发奖金的。这些都不去管了，不管怎么样，这次发奖金也不会有自己的份，自己入职还不到一个星期呢。

一会，于红从人群中艰难地挤了出来，然后走到肖兵身边神神秘秘地说了一句：“也有你的份。”

肖兵心中一阵暗喜加狂喜，不过理智还是立马战胜了他。肖兵还是能够看清楚现实的，于是揣着明白装糊涂地问了一句：“什么有一份？”

于红诡异地眨了眨眼睛：“奖金啊，听说我们新来的也会有一份的。”

肖兵还是有些不信，但是奇迹确实发生了。下午财务部给每个人发了一个邮件，告知了大家奖金的数额，然后还征询大家对数额有什么意见。

肖兵颤抖着打开了邮件，看到了一串数字，感觉比自己以前看到的都要长。不是300元，不是3000元，竟然是30000元。肖兵把脑袋紧紧凑到电脑屏幕上又仔细数了一遍，没错，是30000元。

肖兵长这么大，绝对是第一次看到这么多钱，心里不淡定了。肖兵觉得心跳得厉害，脸也发红发烫，脑门上汗珠子都下来了。

肖兵走到办公室外面，想吹吹冷风让自己冷静一下，然后给肖大贵打了一个电话："爸，咱们家还一共欠别人多少钱，你算一下给我个数，我把钱打给你还了吧。"

肖兵打这个电话，骨子里都透着一股牛逼的豪迈和自豪，肖兵要让父亲把曾经因为借钱给肖兵读书而丢掉的面子和尊严一股脑地都要回来。

2

做投行的底线就是：你可以长得不好看，你可以画淡妆，但是你绝对不能整容，更不能变性。

肖兵第一次跟领导去郊区开协调会的那个项目不做了，杨总主动选择了退出。杨总把肖兵叫到办公室里，让肖兵把以前准备的一些材料都好好整理一下，然后找机会都还给企业。

杨总在给肖兵交代工作的时候，嘴里还是骂骂咧咧的："妈的，这样的烂公司不做也罢。企业的业务有一半都是假的，找了些七大姑八大姨装作客户来销售，还买通了会计师来一起做账，就跟我们券商是傻子似的。以为我看不出来，结果我发现了又来贿赂我，我一辈子的清白哪能就让你这么一个破企业给毁了。"

或许，当时杨总撒谎不跟企业老板一起吃饭时已经有了自己的初步想法和判断。肖兵尝试着大着胆子问了一句："要是企业造假被发现我们会有什么责任？"

杨总并没有直接看着肖兵，不过问题回答很直接，很干脆："抓进去坐牢。"

杨总好像想起来什么似的，然后抬起头一板一眼地看着肖兵，非常严肃地说："你现在还年轻，很多事情没有经历也看不明白，不过有一点你一定要记住，造假骗人的事情一定不能做，永远都不能做，这是原则性问题。"

做投行的底线就是：你可以长得不好看，你可以画淡妆，但是你绝对不能整容，更不能变性。

肖兵参与的第一个项目还没有真正开始就已经结束了。就像男女之间的感情，还没有恋爱，就已经失恋了。

不过，肖兵马上就接到了第二个项目，就是肖兵去拿工作底稿的那个国贸项目。

杨总叮嘱肖兵说："这个项目是年底就可以马上申报的，你过去要配合项目组做好辅助工作，也算是你深入参与的第一个项目，要好好把握住机会。"

肖兵加入项目组的第一天，就见到了曾经见过面的董秘。肖兵主动打招呼，董秘只是不咸不淡地问了一句："你也来做这个项目？"

肖兵赶紧回答，刚想再解释一下第一次见面的事情，可是董秘根本不给他这个机会，用手指了一下项目组工作的办公室，就有事走开了。

肖兵在的项目组一共有三个人，加上肖兵一共四个。这个项目本来是杨总主要负责的，后来不知道是什么原因，项目就转给了上海投行部门的同事，也不知是什么原因，杨总还派了肖兵来到这个项目组。

原因可能很纠结也很复杂，不想不猜不问，也罢。

公司的关系看似简单，其实也是错综复杂。公司的每个人看似单纯善良，但在利益面前每个人都想努力争取。

项目组的三个人有一个是项目负责人，是个刚注册的保代，据说考试成绩总分 138 分，是公司领导刚从别的单位挖来的人才并且高度重视。

有一个人是负责法律的，年纪比保代要大很多但是又要听保代的指挥和安排，心里自然不平不服但又没办法，谁让自己不是保代呢？于是，这哥们口头禅就是"拿多少钱干多少活"，傻子都看出来这哥们跟保代不是很对路。

还有一个人负责会计，是从审计机构转行来到投行的，最大的愿望就是能够参加保代考试，并且一定要在第一年就能够成功。于是，这位姐姐每天除了工作就是看书，除了看书就是睡觉休息，几乎不怎么说话。如果要说话，基本上就是让大家说话小点声，不要吵着她看书或者休息。

肖兵第一个真正参与的项目，就是这样一个看起来比较奇怪的项目组。凭肖兵对投行业务的认知和感触，他根本不能判断这样的状况是投行的正常状况还是非正常状况，肖兵只是觉得在这样一个团队中工作有些无所适从。

3

肖兵就是这朵花，是朵什么花不重要，这朵花只是在某个时点恰好重要了一下。就算是没有这朵花，衣服依然光鲜；只是有了这朵花，才能与众不同。

肖兵的无所适从主要是在于不知道如何真正深入一个项目中，如何能够成为项目组重要的一员，成为不可或缺的有机组成部分；而不仅仅是每天给三个人打开水、添茶叶，最有技术含量的工作也就是把一摞摞复印的材料打个孔装到夹子里去。

项目组三个人有着明确的分工，也绝对各自保持独立，就算是有什么问题一般也都是通过肖兵来传达一下意见。三个人好像谁也不愿意将自己的工作分一些给肖兵来承担，好像这样就会让其他两个人觉得自己水平不行需要别人帮助似的。

项目组的三个人各自为战，谁也不可能依附谁结成联盟，而肖兵这个打酱油的投行小兵竟然成为了这个项目组权力中心最重要的棋子。谁都希望肖兵成为自己的铁杆心腹，但是每个人又都表现得不是那么明显。

不过，肖兵也知道，项目组每个人都想拉拢自己并不是自己有多重要，只是每个人都已经穿了一身华丽的衣服，为了表现出自己比别人更牛逼一点，只是需要自己的头上再别上一朵花，而这朵花恰恰此时别人没有。

肖兵就是这朵花，是朵什么花不重要，这朵花只是在某个时点恰好重要了一下。就算是没有这朵花，衣服依然光鲜；只是有了这朵花，才能与众不同。

肖兵一心想远离江湖，想不到，一不小心就陷入了一个小江湖。

在这种环境下，肖兵必须要把自己武装成一个政治老手，在三根钢丝之间保持着微妙的平衡。这对于一向觉得自己异常纯洁的肖兵来说，的确是有些难，不过他必须这么去做，努力去做。

谁跟肖兵说话，肖兵都会回答，不过也不轻易多说一句话题之外的话。谁要跟肖兵一起去吃个饭，肖兵也一般都会答应，不过如果有些冲突就借口学校有急事而推脱。谁跟肖兵要个资料，肖兵都在第一时间准备好，然后送到电脑旁边按照顺序摆放整齐。其余的时间，肖兵就整理自己的工作底稿，整理完底稿就看看大家的茶杯里的茶叶是不是已经淡了，是不是要续水。

如果实在是还很无聊，肖兵会偷着玩会儿游戏，三个人好像都很忙，谁也不会主动去关注肖兵的一举一动，这让肖兵感到自由的同时也感觉不到一点存在感。

肖兵在项目组中的地位可有可无，而肖兵在与客户的交流中已经深深印下了“底稿综合征”，就是因为肖兵当时来拿底稿时随口犯下的那个错误，公司董秘对肖兵的业务水平就没有再充分信任过。每次肖兵就一个问题准备与董秘进行沟通时，董秘每次都会说要肖兵的领导来跟他谈。

肖兵不怎么喜欢也很无奈地接受着这种类似于“毕业季过渡期”的半休假生活，而这样的时间过得好像又格外的快。一眨眼的工夫，已经三个月的时间过去了。

这一天，肖兵吃过午饭正在那里打盹，行政秘书打来一个电话说杨总找他。肖兵收拾好电脑，跟项目组的人打了个招呼，就急急忙忙回了公司。

肖兵来到杨总办公室，杨总在，并且杨总好像正是在等着肖兵来似的。肖兵觉得杨总应该是有什么事情要跟肖兵说，但是肖兵猜不出来是什么事情。

4

就算是好久都没有打电话，只要两个人有了交流的机会，立马就变得亲近得如同从未离开过。这就是好兄弟，真正的兄弟。

杨总显得不是很高兴。

杨总见肖兵进来，半开玩笑地说："去做了个项目，这办公室就很难见到你了。项目有那么忙吗？"

肖兵没敢解释，肖兵听得出来杨总这是在怪罪自己没有经常回公司报到。肖兵打电话听于红说过这个事情，说王昊去顺义做项目每个周一都会到办公室转一圈，因为周一杨总要跟公司总部开会肯定会在。于红提醒过肖兵要注意一下这个事情，不能长时间离开领导的视线，肖兵一直没有很重视于红的警告。

杨总应该能够看得出肖兵表情的变化，不过并没有停顿而是接着说："国贸这个项目我听说工作底稿已经整理得差不多了，后面就是申报的工作，你就不用再跟着了，下周跟着马明出差去浙江做项目吧。"

肖兵解释说："我想把这个项目完整地跟下来，后面也还有很多工作需要我去做。"这是肖兵当时内心最真实的想法，所以并没有过多的思考，就脱口而出了。

杨总也不管肖兵有没有说完，直接回复了肖兵的疑问："你继续跟这个项目还有什么意义，你下面还能负责什么工作，你是能写招股书还是能跟证监会沟通？我咨询过项目组的意见，他们也认为你不用再在项目组中工作了。"

肖兵没有再说什么，跟自己想象的一样，他知道自己这朵鲜花在他们三个人身上本来就是可有可无的装饰品。有，没什么增色；无，少不了什么损失。

项目组三个人在杨总打电话的时候没有替自己说几句
了一个最客观公正的评价。
对你的评价不公平，很多时候都是你根本就没有做

的结尾语重心长地说：“你是我一手招进来的员工，
。”
步必须改变了。肖兵在这一段入职的时间里，在找
新环境的新鲜感中浪费了太多的时间，在学校生活
中耗费了太多的光阴。当然，在项目组复杂的工作
确找到自己的定位和努力的方向。
好好地学习专业知识，别人不给你机会学习就自己
主动性和积极性。知识不会自己跑到你的脑子里，
手上，工作经验也不会亲自送上门来，这些所有的
索，用时间去发展和整理。
能够做一个优秀的、受人尊敬的投资银行从业者。
疑难问题帮助企业设计最佳解决方案，这个人可以
组关系，这个人可以给客户信任感和安全感，让客
切。
行这份工作变得有趣、有激情、有收获，更重要的

室出来，回到自己的座位上写了一份保证书，要让
望有所改变，有所收获。
晓伟打来了电话。
己跟这个一辈子最好的朋友已经好久没有联系了。
不是，自己每天都有很多时间在混日子；是感情淡
了吗？好像也不是，自己和吕晓伟的感情海枯石烂都不会变。那是什么原因呢？谁知道呢。

就算是好久都没有打电话，只要两个人有了交流的机会，立马就变得

亲近得如同从未离开过。这就是好兄弟，真正的兄弟。

吕晓伟上来先是一顿臭骂，问肖兵为什么不给自己打电话，是不是混好了忘了兄弟。肖兵赶紧解释自己忙，就算是天塌下来也不会忘了兄弟。

两个人也没有什么重要的事情，就还是有一句没一句地在那里瞎聊胡扯，就跟曾经在宿舍的上下铺一样。不过，两个人说着说着好像就没有了共同话题，完全不像以前那样聊韦小宝的老婆都能说一个晚上不睡觉。

有些东西就是这样，每个人都在内心坚守并且告诉自己一定不能改变，可是它就是变了，并且悄无声息，不可阻挡。

通过电话得知，吕晓伟已经在当地的商业银行上了好几个月班了，由于有老丈人在当地罩着，一切都还算很顺利，据说很快就可以提柜台经理了。

肖兵忙说恭喜恭喜。

吕晓伟说有什么恭喜的，光练点钞就练了一个月，胳膊都差点断了。吕晓伟的言语中没有任何苦楚，倒有几分自得、几分优越感。

吕晓伟问肖兵怎么样。

肖兵说挺好的，就是项目很忙。肖兵的言语中倒有了点苍凉，并不完全是因为刚刚被杨总骂了一顿的原因。

5

或许以前她的头发也是乌黑发亮的，她的脸颊也是白里透红的，她的手指也是温润修长的，而现在一切都已经一去不复返了。

第二天一早，肖兵就赶到国贸项目组现场，要跟项目组的人道别，也是要解释一下自己被领导安排到别的项目上去了。肖兵起得很早，好像是要刻意将这段并不算很成功的经历尽快从自己的经历中抹去似的。

显然，肖兵去得很早也没有用，因为按照惯例不过九点项目组那三个人是不会来上班的。

等三个人来了，还没等肖兵开口，他们三个人倒好像什么都知道似的先恭喜肖兵要去做一个新的项目了，又多了一个锻炼的机会。

肖兵转念一想，他们理应会知道自己不会再待在项目组了，因为杨总做决定的时候应该是充分听取了他们的意见。换句话说，肖兵离开项目组主要也是他们三个人的意见。

肖兵觉得他们有点虚伪。既然大家都已经知道了，肖兵也就不想再多说什么，只是说把自己手头的工作再整理一下交接好就走了。

每个人都好像很舍不得肖兵走，每个人都要拉着肖兵到一边去说上几句掏心窝子的话，就好像以前说的话都没有经过心脏似的。

年轻保代说："作为年轻人在投行这个圈子里混，成为保代或许是最便捷也是最可能的在公司确立地位和获取丰厚回报的一个路径，所以建议你要尽快把这个考试通过。"肖兵认同这个观点，这哥们是公司领导极力推荐的人才，刚刚30岁已经住上了几百平米的房子，开着几十万的好车，这是赤裸裸的证据。

忙着考保代的转行会计师说："我很羡慕你，做投行就是要趁早，像你一毕业就能入这行是个很理想的开始。你看我，做了那么多年审计，每天加班熬夜已经累垮了身子，做审计觉得没什么前途了想改行还得从头开始，难啊。我来券商主要就是奔着可以考试来的，今年考不过明年一定考过，考过了我就拿点补助做点项目顺便养老，如果考不过我也就打算半退休了。”肖兵现在倒有些同情这个会计师了，三十多岁的女同志长得跟四十多岁似的，每次加班熬夜之后岁月都毫不吝啬地在她的脸上留下沧桑的痕迹。或许以前她的头发也是乌黑发亮的，她的脸颊也是白里透红的，她的手指也是温润修长的，而现在一切都已经一去不复返了。

年纪大的负责法律业务的说：“小伙子，趁着年轻一定要好好加油，快马加鞭地往前跑，我就是最典型的例子。年轻的时候做了很多工作，银行、保险、互联网，能想到的都干过了，后来一事无成就一咬牙考了个律师证，好不容易混到了券商里来，结果年纪一大把了还要被一个毛头小子管着，你说心里能舒服吗？不过那又有什么办法，保代考试那么难，我记性不好又考不过。”听了这老兄一席话，肖兵更痛恨自己前一段时间自己浪费的光阴了，残酷的现实和真实的案例告诉自己，一定要好好武装自己才能够真正得到属于自己的一缕阳光。

当然，项目组三个人除了给肖兵一些感悟之外，还都承诺了一个比较具体的事情，那就是最后招股说明书的联系人里会有肖兵的名字，奖金也一定会有肖兵一份。

这就是肖兵通过自己的第一个项目获得的全部收获，他将带着这些收获和教训来到下一个项目，开始一段新的征程。

铁打的营盘流水的兵。在投行，水流得异常快速。

6

勇敢选择自己喜欢的道路并一直努力跑下去，不要过多考虑别人是不是喜欢或者是否会选择跟你走一样的路。

让肖兵有些意外的是，跟马明和肖兵一起去浙江项目的，还有跟肖兵当时一起入职的王昊。

尽管肖兵和王昊既没有深仇也没有大恨甚至都没有过正面冲突，不过肖兵总觉得两个人属于不同路线的人，完全不会有重合和交集。

不过，这倒没有关系，肖兵已经打定主意要在工作中积极主动，主动承担工作，主动学习知识，让自己变得更加强大，而至于别人是不是自己喜欢的人或者跟自己是不是一个路线的人，又有什么重要的呢？

勇敢选择自己喜欢的道路并一直努力跑下去，不要过多考虑别人是不是喜欢或者是否会选择跟你走一样的路。

这个项目马明已经跟踪了差不多半年，其间也是来来往往不断，马明跟企业的老板都已经很熟悉了，甚至都已经熟悉到了称兄道弟，一起打麻将、斗地主的地步。

马明很喜欢跟人打交道，也能够让别人觉得很舒服，所以马明一般都会跟企业的关系很融洽，这也是肖兵觉得一定要跟马明好好学习的地方。

王昊和肖兵都是第一次跟企业接触，但是显然王昊比肖兵更加熟悉企业也更快地与企业搞好了关系。显然，这并不单单是王昊已经跟马明很熟、吃了"小灶"那么简单，肖兵觉得王昊以后应该会比马明强，青出于蓝而胜于蓝。

肖兵有时候真的会怀疑王昊的简历是不是造假了，他是不是真的是学的是数学而且还是个博士，世界名校的博士。

马明和王昊各有自己的优势和长处，当然肖兵也有。肖兵要扬长避短，既然自己不能很快赢得企业老板的欢心，那么肖兵就以自己的专业能力能够帮助企业解决疑难问题来赢得企业的尊重和信任。

马明有一个习惯，就是喜欢喝酒和唱歌，如果工作不是很忙，一有时间就要出去喝一杯然后再去唱一曲。刚开始的时候肖兵还能勉强陪着，后来肖兵实在是不愿意去了，就找个借口不去，马明也没有勉强，并且以后也没有再招呼肖兵一起去。

马明并不孤单，王昊一直都是随叫随到。马明喝酒，王昊负责倒酒，并在马明喝醉的时候负责送回酒店。马明唱歌，王昊负责点歌，并要一次次忍受马明鬼哭狼嚎的折磨。甚至特殊时刻，王昊还要负责马明电话的接听，如果马明老婆来了电话，有时候不方便就由王昊来接听，说马哥正在跟老板讨论方案，一会回电话。

肖兵将马明所做的一切看作是为了工作服务，是为了更好地服务好客户。不过马明在专业问题的判断和解决上却有着明显的短板。

一个人不可能同时拥有了门的时候还开着窗，而马明是在拥有了一扇敞亮的门之后忘却了开窗。

每次马明跟企业讨论上市方案一系列专业问题的时候，肖兵总是在旁边负责记录。聊着聊着，马明就拿不定主意，然后就让肖兵回去拿资料查一下。如果是法律问题就拿法规汇编，如果是会计问题就拿会计准则，根据具体情况找到相关规则然后认真学习，半猜测半理解地整合之后得出一个最后的结论给企业参考。

肖兵吸取国贸项目的教训，对于专业问题不再轻易发表意见，对于马明最后给予企业的建议是否正确合理，肖兵也没有一个明确的判定，不过总觉得马明的工作方式应该是有问题的。

在肖兵的心目中，一个称职的投行人员应该是这样的：对于常见的专业问题应该逻辑清晰、体系完整，在客户需要的时候能够凭借自己的知识储备和积累及时给予客户最明确和最有针对性的解决方案，并且保证这个方案是行得通且不会走弯路的。对于一些不常见甚至疑难的问题，可以回头做仔细的探讨和论证之后再统一给一个结果。

而马明对于专业问题的判断，显然与肖兵对于优秀从业人员的想象还有着一段距离。

7

王昊是希望把自己变成马明的影子，最好是如影随形，不离不弃。肖兵是希望把自己变成马明的空气，只是默默付出让人体会不到他的存在，但是他又是那么的重要。

肖兵有时候觉得马明说的方案确实不合适，但是肖兵强忍住不让自己说，肖兵担心万一有一些细节或者知识点自己没有考虑周全，那么贸然说出的答案是错的怎么办。曾经已经有了教训，同样的“悲剧”绝对不能再一次上演。

肖兵会把每一次开会涉及的知识点都及时记录在本子上，回头通过网络搜索、咨询同事以及老员工的方式探讨，最后整理成一个一个的小专题的豆腐块文章供自己学习。尽管肖兵学习的只是一些别人的观点、现成的知识，但是肖兵通过持续不断的学习和整理还是很快地充实了自己的头脑，丰富了自己的项目经验。

有时候，马明对于同一个问题会给予企业两次不同的方案，肖兵因为已经做过方案心里有了一点数，等马明再让肖兵去拿相关配套规则的时候，肖兵有时会小声地嘟哝一句：“老是拿会计准则有什么用，有些问题不能老看规则来解决。”

马明会及时而干脆地打断他：“不看规则怎么能够找到解决方案，要不你来解决问题？”

肖兵不再说话，依旧回去仔细地从网上找一篇篇的介绍资料，跟老员工一遍遍去咨询实务中这个问题可能要重点关注的一些事项。整理的资料多了，肖兵就想着能不能在网上发布一下，跟大家一起分享，也好让别人帮自己提提意见。于是，肖兵就开了博客，把自己整理的一些资料发到了网上。

由于这顿饭不过是拿了张家李家的剩饭乱炖的一顿饭，色、香、味显然都不怎么样，自然也就吸引不了什么顾客。

肖兵的博客刚开始的时候，每天的访问量也就是几个人，肖兵时不时都会去博客上看一下是谁看了自己的文章，还会好奇地点开这个人的主页看一下基本资料，这个人是男是女，长得什么模样，是不是同行。

有时候肖兵觉得自己博客的访问量增长得实在是太慢了，肖兵会鼓动自己的老乡、朋友都去点自己的博客，尽管他们跟这个行业一毛钱关系都没有，肖兵写的东西他们也是一个字也看不懂。这还不算完，有时候肖兵自己都会去偷偷地点一下文章，看着点完访问量增加了 1 个后，肖兵体会到了考试作弊成功的一种快感。

肖兵在浙江项目上已经实现了质的飞越，可以自己负责招股说明书的撰写了。当然，这在某种程度上并不是因为肖兵的业务水平同样也发生了质的飞越，只是项目组本来就没几个人，每个人都必须要承担一部分工作，赶鸭子上架边干边学。

王昊跟肖兵是同样的待遇，只是两个人负责的板块不一样。同样，王昊和肖兵处理业务的方式也不一样。

王昊是每写一段都要跟马明汇报一下工作进程，虚心听一下马明的意见和建议，然后再根据马明的意见去修改。修改完之后，再给马明汇报，直到没有意见。

肖兵是要把整体的工作做出基本的眉目并且保证自己已经发现不了问题之后再给马明看，看看马明有什么修改意见然后再统一改。

王昊是希望把自己变成马明的影子，最好是如影随形，不离不弃。肖兵是希望把自己变成马明的空气，只是默默付出让人体会不到他的存在，但是他又是那么的重要。

8

这是肖兵第一个自始而终负责材料的项目，不管结果如何，至少这个过程肖兵全程参与了。人生的每个第一次，都会让人莫名的兴奋。

肖兵将写好的招股说明书拿给马明看，马明每次都会先好好思考一番，然后告诉肖兵等过几天看完再给意见。过了几天，等肖兵拿到马明的修改意见，发现几乎已经不存在自己的观点和影子，除了一些无关痛痒的话之外，肖兵需要按照马明的意见统一修改。

尽管肖兵觉得马明的某些意见有九成的概率应该是错的，不过肖兵还是没有办法，因为马明是项目负责人，对这个项目有着至高无上的决策权。再者说了，如果项目出了问题也是马明负责，肖兵也就不好再坚持太多了。

肖兵只是希望自己的判断是错的，遗憾的是，肖兵感觉到的九成概率还是成为了现实。在项目后来的审核过程中，马明修改的意见被审核人员给予否定，需要重新调整思路。马明找到公司领导去咨询意见，最后给的结论基本上就是肖兵曾经按照自己思路写的观点。

肖兵跟马明说根据原来的思路调整回去，马明说这个事情你不要管了我来处理。于是，马明将肖兵原来写的资料拿了出来，调整之后以自己的名义写出来交给了公司领导并提交给了审核人员。

这个也算是职场江湖的一部分，肖兵认了。但是，有些东西肖兵并不认，甚至要为此争得头破血流。

在招股书快要定稿的时候，肖兵与马明在一个问题上出现了不同的处理意见。肖兵不想跟马明起冲突，肖兵作为小兵而马明作为负责人，两个人也不应该起冲突，不过由于这个问题处理很可能涉及大是大非的问题，所以肖兵决定坚持一把。

但是，肖兵的坚持是势单力微的，也就是无效的。因为，不仅马明要比肖兵的职务级别高出许多，而且王昊也是毫无悬念地站在了马明一边，这样肖兵不仅在实力上不占优，就是在人数上也不占优。

王昊对肖兵说：“我们是新手懂什么，马哥是十几年的投行牛人了，对问题把握自然会准确，我们不能管那么多，干好自己的事情就行了。”

肖兵没有反驳。

尽管，肖兵为这个问题请教了很多的专家，查询了很多的资料，有很大把握自己的决定是正确的，但是最后还是马明的意见成为了定论。

这次冲突和问题是不是引起后来杨总找肖兵谈话的一个导火索肖兵并不知道，不过这个问题后来确实成为了项目成功上市的一个绊脚石，这就是后话了。

肖兵因为这个事情还耿耿于怀了好几天，不过最后还是被申报材料的气氛给覆盖了。项目终于要申报了，这对于忙活了大半年的项目组和发行人来说，尽管只是万里长征走完了第一步，不过这阶段性的胜利对大家来说还是莫大的激励和鼓舞。

庆祝一下那是必不可少的。老板在当地最好的酒店大摆筵席，席间觥筹交错互相祝福，好像刚从一场战役中幸存一般。

酒喝多了，好像每个人都有了无限的能量和充足的想象，大家都觉得有把握让企业上市这件事情马到成功，每个人也都开始想象成功之后面前繁花似锦的光明大道。

最后，老板拍着马明的肩膀：“老兄，这次就靠你了，一定不要让我失望。”

马明搂着老板的脖子：“老兄，放心吧，我们是兄弟，我一定保证你成功。”

这是肖兵第一个自始而终负责材料的项目，不管结果如何，至少这个过程肖兵全程参与了。人生的每个第一次，都会让人莫名的兴奋。

肖兵这一次，也是如此。

9

与其对着不能控制的未知忧伤，还不如抓住到手的幸福狂欢。

肖兵遇到的喜事不仅是自己参与的项目成功申报这一件，还有一件或许应该更值得庆祝，那就是肖兵刚入职时参与的那个国贸项目成功过会了。

不论是刚入职青涩的肖兵还是后来慢慢成熟有了自己想法的肖兵，都会坚定地认为国贸项目材料制作的水平是有点令人发指的，不过“有钱能使鬼推磨”的这一不知道谁说出口的混蛋定律却在企业上市这个天天跟钱打交道的过程中时常闪光，无比灵验。

据说，国贸项目的老板找了辆黑车，然后车上装满了金条，只要是能够对自己有帮助的权威人士，毫不吝啬地都要慷慨相赠。于是，就在这金灿灿的光辉照耀之下，所有的人好似都晕了头转了向，于是地球人都不可能阻止得了这家公司的上市了。

面对这些，虽然肖兵纯洁的心灵一时无法接受，甚至还有着淡淡的忧伤，不过一想到自己的名字能够在一份招股说明书中出现并且还有可能分到一笔小小的奖金，兴奋还是远远高于忧伤的。

与其对着不能控制的未知忧伤，还不如抓住到手的幸福狂欢。

不过，肖兵还是高兴得有点早了。当肖兵发短信四处告诉同学朋友自己的第一个项目成功通过审核的时候，大家却是第一次对老实巴交的肖兵的诚信产生了怀疑，因为招股书中根本就找不到肖兵的名字。

曾经项目组承诺的会把肖兵的名字在招股说明书中记录的承诺并没有兑现，这让肖兵很伤心，慢慢培养起的对工作的自信和热情又瞬间跌到了谷底。或许你会觉得一个名字何必大惊小怪，其实只有肖兵自己能够真正体会到这个名字对自己有多么重要。

作为投行领导或老人，不要轻易对你的部下或小弟爽约，因为他们很在乎你们哪怕一个小小的承诺。

这还不是全部。尽管肖兵没有如愿得到在自己第一个项目上背书的梦想，不过如果能够分到一点别人吃肉之后剩下的汤也算是小小的补偿吧。

精神损失，物质补偿。历来如此，理应如此，只能如此。

不过又让肖兵失望了，这个也没有。据说，这个项目奖金还是很丰厚的，每个项目组成员都有大几十万，就连杨总都有象征性的几十万。肖兵坚定地认为自己没有功劳也有苦劳，实在不行可怜可怜给个一两万交个房租、买个笔记本电脑也是不错的。可是，这个也没有。

别人吃肉，你吃不到骨头也喝不到汤，结果还老是让你闻到香味。

于红显然还不了解这些内情，要不然也不会让肖兵请客了，于红不是那种伤口上撒盐的人。肖兵知道于红不是这种人，肖兵就一五一十地跟于红说了全部情况，于红说那就我请你吃饭。

于红，也郁闷。

10

你帮你的客户把工作做得完美，客户把你当兄弟；你把客户的工作做砸了，兄弟不过是兄弟，工作就是工作。

郁闷，都是因为项目上的事情。

于红跟肖兵不同，于红作为跳槽过来的老员工一开始就是要独立负责项目的。这个项目也是于红来到中华证券公司的第一个项目，自然也是非常重视，通宵达旦、熬夜加班，眼看着就要成功报材料了，结果一个晴天霹雳，关键时刻掉了链子。

当地政府的一个高官因为经济问题被抓了，一审全部都招了，并且为了减刑什么都说，一下子就把项目公司的老板给供了出来，结果公司老板因为行贿罪被实施了强制措施。

这下好了，企业上市刚迈出了万里长征第一步，结果出师未捷身先死，大老板直接被抓进了监狱，项目也就戛然而止。

于红郁闷是有道理的，我又没有招谁惹谁，怎么就那么倒霉，天上掉鸟屎全部掉在了自己一个人的脑袋上。

兄弟两个把酒言欢互诉衷肠，互相攀比自己的悲惨和痛苦，好像真的是别人的痛苦能够抵消自己的痛苦，别人的欢乐能够叠加自己的欢乐一样。

这个项目也是杨总作为区域负责人非常看好的一个项目，并且希望这个项目能够一炮打响，一举奠定中华证券在那个城市的江湖地位，这下子全部的梦想都破灭了。

杨总肯定也很郁闷，只是没人知道他郁闷的程度以及解闷的方式，也不知道他有没有时间解闷，允不允许去解闷。

领导，也有领导的难处。

也不知道这一年到底是怎么了，难道真的是人要是不走运了就是老不走运？而真相是，很多不走运都是自己作的。

马明对自己的项目那是非常有信心的，公司老板觉得是不是应该深入做一下工作，马明觉得完全没有这个必要。于公，这个企业确实是很不错的；于私，作为老板的好兄弟那是必须为兄弟两肋插刀、赴汤蹈火的。

悲剧的是，奇怪的是，一个好好的企业结果就是没有通过审核，因为一个不大不小的问题而上市失败。

这一次，肖兵的名字作为项目组核心成员已经写到了招股书上，并且如果上市成功也是可以确定得到一笔不菲的奖金，至少回家买年货是不愁了。可是，一旦项目失败，前面的一切都是个屁，随风而去，不值一提。

肖兵很伤心，可是杨总根本就没有伤心的时间，当务之急是要保住这个项目二次申报的机会。

对于任何一家中介机构来说，审核失败的企业那都是韩国整形已经成功并且已经养成了高端气质的大美女，每个人都想去努力争取并极力争夺的。尽管曾经有一段不算成功的感情经历，但是条件摆在那里不愁没有人接手。

大美女一般情况下跟前任男友已经谈情说爱了很长时间，感情还是在的，不过很多情况下很难保证大美女在一群更加帅气、更加富有、更加具有攻击性的美男面前不会变了心。

杨总要求马明要全力以赴安抚好公司老板受伤的心灵，企业提什么条件都要毫不犹豫地答应，一定要保证这个项目不能落到别人的手里。

马明立下军令状，保证完成任务。马明的自信也是有充足的理由的，那么多日日夜夜之后，马明自认为跟老板的兄弟情谊已经很难再被改变，哪怕沧海桑田、海枯石烂。

马明有些天真了。

你帮你的客户把工作做得完美，客户把你当兄弟；你把客户的工作做砸了，兄弟不过是兄弟，工作就是工作。

11

你做好每一件事情可能只能为你的声誉增加一块砖、一片瓦，而你做的任何一件坏的事情很可能就是毁掉你全部的那道梁。好好做好自己的工作，用心做好自己的工作，真诚地爱护好自己的声誉就如同鸟儿爱惜自己的羽毛，也是我们自己在爱护自己的成长和未来。

马明约老板在老地方喝酒，没有回应。

马明约老板在老地方泡脚，没有时间。

马明请老板去潭柘寺散散心，没有心情。

……

马明觉得老板可能是一时不能从打击中及时恢复过来，不愿意见人是可以理解的，或许等几天再去找老板更合适一点。

尽管马明跟老板已经做了多年的兄弟，显然马明并不真正了解老板。老板早就擦干了眼泪，开始了新一轮的招亲工作。

大美女的条件摆在那里，这招亲工作更应该看做是一次比武招亲，谁要是想跟大美女谈恋爱，那就直接报出你的条件。

我的报价比别人低，我的项目组成员素质比别人高，我保证以全国最短的时间让你上市……条件蜂拥而来，一个比一个优惠，只要老板不是那么贪心，作出一个决定那是分分钟的事情。

当马明好不容易打通了老板电话的时候，得到的不过是一个已经被抛弃的消息。

被抛弃，或者说是分手，如此的决绝，如此的不留余地。就算是杨总出马，就算是比杨总级别还高的领导出马都没有任何挽回的余地。

浙江项目的失败引起了当地政府的震怒，觉得这么好的一个企业竟然没有上市成功，中华证券应该要负全部的责任。也就是因为这个项目，中华证券在当地的口碑那是臭到了极点，几年之内甚至是更长的时间里在当地开展业务几乎都是举步维艰了。

投行的工作主要就是靠人来完成，人不是机器，只要是人参与的事情就会有好有坏，声誉就会比什么都重要。你做好每一件事情可能只能为你的声誉增加一块砖、一片瓦，而你做的任何一件坏的事情很可能就是毁掉你全部的那道梁。好好做好自己的工作，用心做好自己的工作，真诚地爱护好自己的声誉就如同鸟儿爱惜自己的羽毛，也是我们自己在爱护自己的成长和未来。

这个项目带来的坏的消息席卷而来并不断发酵。不仅是发行人不满，不仅是当地政府震怒，甚至连证券监管机构有些人员也觉得这个项目是中华证券自己做得不对，没有把自己的工作做好。

中华证券公司高层实在是坐不住了，召集大家开了一个规格很高的项目总结会，更确切地说就是项目批判会。

马明作为项目负责人，自然是这个会议当仁不让的男一号，尽管这个主角当得苦不堪言。

马明首先向领导汇报了项目的基本情况以及整个经过的来龙去脉，然后承认这个项目的失败有自己很大的一个责任，不过也同时强调项目组成员有着明确的分工，那个意思就是每个人都应该为每个人的工作负责。尽管发行人是因为某个原因没有上市成功，但是不可否认一个项目的失败原因是多方位的。

马明还说了很多，肖兵已经不那么在乎，肖兵只知道最后的结果是肖兵跟着其他项目组成员一起被罚了三个月的工资。

尽管肖兵认为自己有天大的冤枉，但是三个月的工资肯定是没有了。于红后来曾偷偷地告诉了肖兵一个传言，本来工资是要全部罚马明的，不知道为什么最后就是大家都要罚了。

12

在商业社会中，交易的双方有时候就是那么微妙，很多决定和权衡往往跟你所处的局势和地位有着直接的关系。

如果说浙江项目是一个集美貌与气质完美结合的一个美女，那么湖南项目就只能算是去韩国整容成功也没有掩盖天然缺陷的一个美人。

或许是杨总过年的时候没有好好烧香照顾好各路神仙，反正一年以来他负责的项目都没有得到一个好的结果。紧跟着前后脚的，浙江项目失败之后没有到一个月，湖南项目同样被否了。

如果说浙江项目确实是因为证券公司自己没有做好工作而坏了大事，那么湖南项目则有点烂泥扶不上墙的意思。发行人可能也知道自己有几斤几两，自己上市没有成功也没有怪罪中华证券的意思，并且还主动联系杨总，做杨总的工作，大不了从头再来。

杨总想，既然大家都对二次上会的项目感兴趣，那就赶紧来人提亲把这个项目给带走吧。做这个项目太累了，以后企业重新上市也不愿意趟这个浑水了。可是没有想到的是，就算大家对二次上会的兴趣非常高涨，那也并不是什么样的项目都有人愿意投入感情的。

杨总在等，发行人应该也在等，结果等了一个星期也没有等到一家主动提亲的。

企业老板给杨总打电话："杨总，你看我们合作了那么久，我们上市还是要继续做的，我们企业重感情，决定还是让你们，继续帮我们做上市。"

杨总心里骂老板虚伪，要是有别人主动找你们，你们可能也就不会主动找我了。杨总打心眼里不想做这个项目了，但是又不能直接拒绝，只能拿出杀手锏："看你们说的，我们对这个企业也是有感情的，不过你们这个企业的确是情况比较复杂，我们收费要提高的。如果还让我们做，那我们要收 10% 的承销费。”

杨总觉得企业绝对不会接受这样一个漫天的要价，想不到的是企业连犹豫都没有犹豫就答应了。

成交！在商业社会中，交易的双方有时候就是那么微妙，很多决定和权衡往往跟你所处的局势和地位有着直接的关系。

杨总突然间就觉得自己的头皮有种麻麻的感觉，真的不知道是喜是惊还是愤怒。不管怎么样，话说到这个份上，项目不做也得做了。

杨总送走了企业的人，回头要解决的问题就是让谁去做这个项目。

安排谁去做一个项目，或者你去选择一个怎样的项目去做，是一个非常有学问的事情，甚至直接影响到你的生活、成长和前途。

原班人员再去做这个项目本来应该是最合适的选择，结果他们认为他们已经尽了全力完全没有了改进空间，建议应该由全新的项目组进场工作，保证项目质量有质的改变。

杨总采纳了这个建议，去找全新的人组成项目组可并不容易。杨总每找到一个人，每个人都有一大堆的理由说明自己不应该去这个项目。

杨总找到了肖兵，肖兵一时还真没有找到理由去拒绝，因为理由基本上都让其他同事说完了。肖兵也不想做这个项目，但是肖兵又不知道该怎么办。

这个时候于红站出来说：“最近肖兵一直跟我在跑一个项目，这个项目就我们两个人一直在做，工作也挺多的。”

杨总可能也能看出来于红有点出来为肖兵出头的意思，但是毕竟于红的资历并不浅，只是混得比自己差了点而已，也不好直接发作。

就这样，肖兵也成功逃脱了湖南项目。

13

不过，一个人对另外一个人做出评价时，必然要带着个人的感情色彩，甚至是一个人对另一个人的喜爱和厌恶程度。这就是江湖。

国庆长假刚回来第一天，杨总就找到了肖兵谈话。

这次谈话的气氛很严肃，时机很特别。这个时候既不是年头也不是年尾更不过节，领导主动找你谈话肯定是大事，不是好事就是坏事，反正是对自己影响很大的事情。

杨总说话习惯开门见山，这是肖兵喜欢的风格。

杨总说："这次谈话本来是要在节前进行的，我是担心你过不好假期，所以就延迟到节后来进行。"

肖兵听到杨总这么说，立马明白了接下来听到的肯定不是什么好消息，并且很可能是很坏很差的消息。

肖兵的脑子在疯狂地运转，反复斟酌下面到底会是什么消息，而杨总继续自己的说话："你来公司一年多了，主要是在出差做项目，对于你的表现我也咨询过很多同事的意见，包括浙江项目过程中的一些工作表现。总之一句话，对你的评价不是很高，工作还有很多问题。"

肖兵的猜想成为了现实，目前对于肖兵来讲应该没有比杨总这个总结更坏的消息了。肖兵心里想，下面杨总不会就要宣布开除自己的消息了吧，想到这里肖兵突然觉得后背一阵阵发凉。

肖兵心里早已翻江倒海，而杨总倒一直平静，甚至连说话的语气和语调都没有明显的变化："当然，你也不要多想，同事对你工作的评价很重要，当然也不应该是全部，我会综合考虑很多因素。尽管公司建议要考虑一下你工作安排问题，不过我觉得还是要继续给你机会。我觉得王昊做得就不错，大家对他的评价就很好，并且你跟他一起长时间做一个项目，我觉得同事的评价相对还是公允的，你以后可以多向他学习。”

杨总下面还说了很多鼓励的话，可是肖兵基本上已经听不下去了，他应该基本上明白了全部的含义：就是自己一年来的工作受到了批评，差一点就被公司开除了，尽管现在死里逃生，不过以后需要继续努力，不然时刻都不能摆脱被开除的命运。

肖兵还隐约明白了一点：客观公正地讲，肖兵自己评价自己的工作做得并没有那么差，如果说国贸项目确实参与得不够深入，那么浙江项目自己还是努力学习专业知识并且尽量在文件中体现自己观点的。

不过，一个人对另外一个人做出评价时，必然要带着个人的感情色彩，甚至是一个人对另一个人的喜爱和厌恶程度。

这就是江湖。

Chapter 4

跑下去
独立负责项目

投行十年

1

领导需要的就是一个结果，而不管这个结果你是偷来的还是抢来的，再或者拿脑袋换来的，杨总需要的就是肖兵提交的一份项目建议书。

肖兵受到了顶头上司的严厉批评，伤心痛苦甚至是悲伤欲绝那是难免的，找个朋友诉诉苦以及喝点酒发泄一下那也是正常的。不过，在好好睡了一觉之后太阳依旧升起，一切还需要继续。

工作需要继续，生活也需要继续。

第二天肖兵一上班，杨总就把他叫到了办公室安排工作，要求肖兵跟着自己去完成一个项目的竞标，要求肖兵在三天内完成一份项目建议书。

这是肖兵第一次独立负责制作一份项目建议书。如果是以前，肖兵会很开心，觉得这是领导在重视自己，也是要自己更快地成长。

而这一次，肖兵更多地理解成是杨总想通过这份项目建议书来考验自己。这就像是一个人面对一场考验的一道附加题，做对了可能成为降落伞使肖兵安全着陆；如果答错了，可能这就是压死骆驼的最后一根稻草。

是降落伞还是稻草，就在于肖兵自己了，在这个考验面前，肖兵只能自己完成救赎。什么入职时间短、什么经验不够丰富、什么时间比较紧、什么对企业情况了解不够丰富，全部这些都不能成为理由了。

领导需要的就是一个结果，而不管这个结果你是偷来的还是抢来的，再或者拿脑袋换来的，杨总需要的就是肖兵提交的一份项目建议书。

尽管肖兵已经做了充分的发泄和减压工作，不过杨总昨天对肖兵的批评依旧像是一块石头压在肖兵的心头，让肖兵心情沉重，步履艰难。不过杨总倒好像很是健忘，就好像昨天的事情根本就没有发生一样，只是按部就班地跟肖兵交代了工作内容就不再说话。

肖兵很识趣地退出了杨总的办公室，临关门之前想从杨总的脸上看出一些态度的蛛丝马迹，肖兵还是失望了。杨总的脸上除了因为年轻时熬夜留下的难易抚平的皱纹和黑斑之外没有任何其他的变化，一切平静如水。

喜怒不形于色，这或许是做领导的基本标准，也是最高境界。单从这个硬标准来讲，肖兵就不适合做领导。肖兵玩杀人游戏基本上都是“一轮游”，过不了多久就会原形毕露，就是因为肖兵不会隐藏自己的情绪和心思。对于肖兵的这种风格，肖兵认为有他的可取之处，同时也有致命的缺陷，肖兵只能尽量做到扬长避短。

肖兵只能：做到坦诚做人，不撒谎不骗人；做到表里如一，不扯皮不城府。

2

一个人的工作是否能够做得出色，很多情况下、很大程度上都在于你是否用心，是否有决心做得出色。

在正常情况下，对于一个正常的投行人员来说，三天的时间完成一份项目建议书是没有任何问题的。从这点上来讲，杨总对每个人还是公平的，并没有刻意为难肖兵的意思。

不过问题是，目前的状况肖兵并不是一个正常的人，而是一个快要死的、等着这份项目建议书救命的人。肖兵面临的也不是一个正常的情况，肖兵完成这份项目建议书的效果不仅要超乎肖兵能力范围所及，甚至要超过杨总所能想象的效果。

这样看来，肖兵需要充分利用好这三天的时间，除了时间之外，肖兵还需要用心去做。

第一步：肖兵还是找到了很多份已经经过实践检验的，证明已经成功的项目建议书仔细阅读认真参考，从中找到这些建议书的共同点和精华的部分可以为自己所用。

第二步：肖兵做的第二步也是最重要的一步就是充分了解这个要争取的客户的情况，尽管客户并没有主动提供任何资料，但是肖兵还是通过公司网站、其他上市公司披露资料、其他客户或供应商资料、行业协会资料等方面了解到了客户尽量多的资料和数据。

第三步：肖兵的第三步就是总结阶段，首先对肖兵搜索到的各个角度各个层次的错综复杂的数据进行了归纳整理并形成了一个基本框架，然后根据监管机构的要求和肖兵自己学习和理解对相关问题进行了解释和说明。

还有简单的一点肖兵想到了，那就是肖兵并没有简单复制了别人的一个 PPT 的模板用在自己的建议书上，而是肖兵自己尝试着独立制作了一份演示模板。除此之外，肖兵还从网上学习了颜色搭配的基本知识，并且在客户 LOGO 以及自己公司 LOGO 的位置和排序方面也做了自己用心的安排。

项目建议书正式完工之后，肖兵一页页点击着查看，尽量让自己用最客观公正的眼光去评判自己的项目建议书与其他同事曾有的项目建议书做对比，肖兵总是觉得自己的这个作品还是很出色的。

肖兵的出色不在于能力有多强、水平有多高，而仅仅出色在用心。而用心或许只是体现在几个简简单单的方面，但就是这几个简单的细节如果能够被客户所赏识，就成功了。

肖兵的用心在于对客户信息了解的用心，没有在不了解客户资料的情况下只是生硬地套用了一些客套话，做到了有的放矢针对性服务。

肖兵的用心在于做了很多的前期工作，学习别人的资料不是简单地复制，而是多多学习然后融会贯通为我所用。

肖兵的用心在于没有忽略一个演示模板的细节，在别人都在套用现成模板的时候，肖兵用最直观的方式让客户体会到了自己的用心。

一个人的工作是否能够做得出色，很多情况下、很大程度上都在于你是否用心，是否有决心做得出色。

对待工作做到用心，用一种温暖的方式让客户体会到你工作的用心，那么你就会成为一个成功的客户服务者。

3

用心去做手头的每一件事情。

肖兵准时地将项目建议书发送到了杨总的邮箱。杨总回复肖兵说："我先看一下，看完之后再提修改意见。"

一切如昔，并无异常。不过，肖兵的心却一直没有放下。

一般情况下，晚上发过去的邮件第二天上午杨总就会回复修改意见，或邮件或电话或直接办公室面对面，最晚也不会迟于第二天下班前。对于杨总的效率以及时间观念，肖兵还是很敬佩，也记得很牢。

而这一次，让肖兵更加不安的是，到了杨总惯常给予修改意见的最后期限，肖兵既没有收到邮件也没有等到电话。

这太不正常了，难道是这两天杨总有非常重要的事情要处理还没有来得及看建议书？要不就是杨总觉得有些东西肖兵根本就修改不了而直接自己就修改了就不再通知肖兵？甚至更可怕的是，杨总觉得肖兵的建议书根本就是一无是处连看都没看就扔到了垃圾箱，然后安排其他同事再去准备项目建议书？果真如此，那么肖兵死定了。

这一晚上，翻来覆去，几乎无眠。肖兵努力尝试找出一些乐观的结果来安慰自己，却每次还没有冒出这个念头就被一些可怕的结果和想法给压了下去，不得翻身。

第二天，肖兵如常地上班，杨总也是依旧在办公室里忙这忙那，还是死活没有项目建议书的消息。

到了中午吃午饭的时候，杨总专门走到肖兵的身边对他说："下午把你制作的项目建议书打印三份装订好，明天一早我们去参加会议。明天项目建议书的宣讲以我为主，你可以适当补充。发票留好回来报销。"

领导讲话总是言简意赅，又含义丰富。

肖兵迅速对杨总的这句话做出了判断：首先，肖兵做的建议书还是得到了杨总的基本认可，没有提出修改意见，说明基本上符合杨总的想法和预期。其次，杨总允许肖兵可以适当补充自己的宣讲，尽管肖兵知道这样的补充万万是不能去做的，不过至少肖兵已经成为这个项目组很重要的组成部分。最后，杨总没有发邮件也没有打电话而是亲自过来说，说明肖兵的危险系数又降低了一些。

肖兵非常开心，付出总算有了回报。开心就会胃口大开，加上前两天心理负担过重一直没有吃好，今天肖兵吃得格外多。

当然，肖兵回头也反思自己。这一次，肖兵用心用全力做的工作得到了领导高度的认可，那么以前有些工作领导提出了很多的毛病，那么很有可能是因为自己在做这些工作的时候并没有做到完全用心、付出全力。

肖兵通过这件事，认识到了这一点，肖兵决定以后做每件事情都要用心去做。

用心去做手头的每一件事情。

4

中华证券公司的杨总和肖兵按照顺序是最后一个汇报建议书，这个排序既不是按照姓氏笔画也不是按照英文字母，具体是什么标准企业老板心里最明白当然外人也能猜得上几分。

第二天的项目竞标会，竞争异常惨烈。跟杨总一起竞标的，不是市场名列前茅的券商就是拥有强大国资背景的券商，甚至还有跟企业私交甚笃的长期合作伙伴。

中华证券公司的杨总和肖兵按照顺序是最后一个汇报建议书，这个排序既不是按照姓氏笔画也不是按照英文字母，具体是什么标准企业老板心里最明白当然外人也能猜得上几分。

按照正常情况这本来是非常不利的一个局面，不过等杨总将项目建议书汇报完之后，局面得到了逆袭般的改观。不可否认，这是肖兵的建议书起到了作用。

客户老板在最后总结评价的时候，还特意提到了杨总的建议书，认为：尽管时间比较紧张且对企业了解不多，但是项目建议书能够做到现在的这样一个程度，还是很难得的，也说明了中华证券对我们这个项目的重视态度。

杨总赶忙谦虚客套，接话说："这个项目是我本人也是整个公司特别看中的一个项目，我们一定会派出精兵强将来做好这个项目，也希望贵公司能够非常审慎地考虑能够给我们这样一个机会。"

客户老板哈哈一笑，说："我能够感受到你们对我这个小项目的重视，希望我们有机会可以合作。"

竞标会回来，还是跟往常一样是杨总开车肖兵坐车。不过不同的是，肖兵好像这次感觉和心情有些不一样，觉得这一次心里轻快了很多，有很多观点想与杨总交流，很多私底下的话想跟杨总聊聊。

肖兵小心翼翼地问："杨总，你觉得这个项目我们拿下的机会大吗？"

杨总说："至少从公开的局面来看，我们目前是领先的，不过每个项目让谁来做都有着复杂的因素，我们的竞争对手都是来者不善、背景深厚。小肖啊，有时候是很无奈的，并不是你的业务水平高、做的东西漂亮就能够得到认可的。"

肖兵对于杨总的话有些明白，有些不是很明白，又问了一句："您是说我们的竞争对手都有关系，他们还是可以拿到这个项目？"

杨总接着肖兵的话说："这里面水很深，因素也很多，以后你会慢慢了解体会到。比如有的企业跟政府关系很好，那么很有可能市长说这个项目给谁做就给谁做。有的企业的子女会在某个券商任职，那么你说这个企业的资本市场那些事还不都是这个券商来做了？再比如可能有的企业老板欠谁一个人情，那么正好趁着这个机会把项目给他也算是还一个人情不是也很正常？"

杨总见肖兵没有搭话，就接着说："其实，说实话，做一个企业上市的项目并没有那么复杂，很多复杂的因素是一些我们看不见摸不着的手在作怪，那些我们无法掌控的因素才是我们做项目最头疼也是最无奈的。"

肖兵听完杨总的话有些失望，杨总看出来了肖兵的失望，说："小肖，你做的项目建议书我还是比较满意了，你也用心去做了，刚才客户也提到了这一点，这个我是心里有数的。至于项目最后能不能成，确实不是你我能够把握住的。话又说回来，有些项目别人可以通过关系轻易拿到，有些项目我们也是可以这样去做的，只是每个人的关系圈不同而已。"

或许是杨总对肖兵这几天加班熬夜完成项目建议书的奖赏，一路上杨总跟肖兵讲了很多以前没有说过的肖兵也从来没有听到的话，这让肖兵很受用也很感动。

不再去管最后项目能不能成功了，能够得到顶头上司的认可比什么都重要，毕竟杨总才是掌握肖兵生杀大权的人。肖兵如此想想，也就觉得一切的努力付出都没有白费，心里也就释然了很多。

至于肖兵头上的警报是不是已经彻底解除，肖兵并没有十足的把握，不过杨总对肖兵态度的缓和却是不争的事实。肖兵在杨总心目中的地位还上升了一些，也说不定。

5

有时候，一个老前辈简单的一句鼓励和赞许，或许就可以改变一个新人奋斗的心气和动力。

肖兵和杨总努力竞标的项目最终还是没有落到中华证券的头上，结果既在杨总意料之中又在意料之外。

这个看起来不错很多人都想争取的项目的中介机构并没有在当天竞标的机构中产生，而是一家从未露面且市场排名也并不突出的机构。既不是市场排名第一的机构也不是具有霸道社会关系的机构，为什么会是这家机构呢？谜底也是非常的简单：这家机构承诺了老板刚从英国留学回来的女儿一个投资银行部董事总经理的职务兼北京首席代表。

对于一个刚刚毕业的大学生和年轻人来说，这样的一个职务显然足够有诚意，而老板回报诚意最好的办法也就是把这个低风险、高收益的承销项目奉献出去。

交换，就必须要有筹码。公平交换，就需要价值相对平等的筹码。

自己辛苦争取的项目被别人不费吹灰之力就拿走了，确实有些不平也有些不满，不过还有一句话杨总说对了：别人能够做的事情，我们自己也能够做得到。

没过几天，杨总就跟肖兵去开一个项目的见面会，这个项目根本就不用竞标，甚至杨总的团队都没有出现过项目就已经搞定。杨总争取到这个项目，因素也很多不过也很简单。

杨总的这个项目是一个曾经担任审核委员的会计师合伙人陈总推荐的，这个合伙人跟企业的老板是战友甚至都出生入死过，所以企业老板在企业上市的问题上全权委托陈总来处理。陈总为什么死心塌地地把项目交给杨总来做呢？因为陈总当年在竞聘审核委员的时候杨总帮了不小的忙、出了不少的力。

凡事皆有因果，馅饼从来不会凭空出现。

本来约好的周一杨总和肖兵跟陈总一起去企业跟老板见个面，并趁机把合作的事情好好敲定一下。结果就在出发的前一天晚上，杨总的岳母因为心脏病突发住了院，杨总不管怎样都无法抽身离开。

这让大家都很为难，跟企业已经提前好多天确定好的时间实在是不好调整，并且第一次见面就出现变故对这次合作也不是一个好的开头，可是岳母就那么一个杨总也很难离开。

在其他人实在是都无法及时救火的情况下，杨总做出了一个艰难的决定：让肖兵自己一个人去见企业老板。

这对于杨总来说是一次冒险，这对于肖兵来说的确是一个挑战。临走之前，杨总对肖兵的交代是：不该说的话千万不说，多听别人说自己少说；有些专业问题不懂不要轻易下结论可以大家一起讨论，甚至回头研究清楚了再答复也没问题；一定要让老板看出我们的诚意以及对问题和项目的把控能力，让企业相信把项目交给我们是可以放心睡觉的。

肖兵和陈总约好时间分别从北京和上海飞到沈阳，然后在机场会合一起赶往企业所在地。

在去企业的路上，陈总问肖兵："你们公司是不是有一个投行小兵？这个人你认识吗？"

肖兵有些不好意思又有些骄傲地回答："我就是投行小兵。"

陈总哈哈笑了起来："原来你就是投行小兵啊，看来你们杨总还是很给我面子嘛，自己不能来也派一个得力的干将来。"

肖兵忙说："陈总您客气了，我就是个新人小兵，主要是来跟您学习的。"

肖兵是真心的有些心虚，而陈总看作是肖兵的谦虚："小肖太谦虚了，你现在博客的点击量都好几十万了，在投行界那是小有名气啊，我已经要求我的员工每天都要学习你的博客了。"

肖兵赶紧说："很多东西还不成熟，还需要继续努力。"

陈总说："年轻人不怕不成熟，你能够坚持去做一件事情并能够分享就是一件很难得的事情。”

陈总简单的几句话给了肖兵很大的信心和动力，不仅是对接下来的肖兵第一次独立主持的项目见面会，也包括肖兵后来一直努力做的每件事情。

有时候，一个老前辈简单的一句鼓励和赞许，或许就可以改变一个新人奋斗的心气和动力。

6

把一件简单的事情用心坚持一直去做，可能这就是一件伟大的事情。

投行小兵的博客已经有好几十万的访问量，投行小兵在投行界已经有了一点点的名气，这是肖兵没有想到的，又惊又喜。

肖兵早就已经过了每天都会关注文章点击量的阶段，更不会自己点击自己的文章去“注水”点击量了，所以肖兵的博客有多少访问量自己并不是很清楚。至于投行小兵有没有名气，肖兵就更不知道了。

很多人都问过肖兵：“你怎么会有那么多时间整理那么多文章，难道你天天闲着没事不做项目吗？”

肖兵只能说：“哪里有时间，我只是把别人吃饭、唱歌、洗脚的时间用在了写文章上。”

你就职于你的雇主，拿着他们提供的薪水，那么你就必须在工作时间为你的雇主服务并且完成好雇主交给你的工作，这是每个职员应该坚守的基本操守。当然，有时候在上班时间也确实有无工作可做的时候，那么这时候你可以选择浏览淘宝也可以选择业务学习。这样的业务学习是为了更好地为你的雇主服务，当然也为了更高的一份薪水。

工作之外的时间你的雇主并没有向你提供什么报酬因而他们也没有权力要求你做什么，这些时间你可以自由支配。这个时间，你可以选择去跟朋友去酒吧，也可以选择在网上跟一帮素未谋面的人斗地主，当然你也可以去洗个脚做个按摩，放松自己。

当然，这个时间你也可以选择整理和学习一些专业的学习资料，你也可以选择思考你正在做的事情和以后即将面对的事情，你也可以将你的想法与更多的志同道合的人一起分享。这样的“课外时间”的学习在没有人付出薪水的情况下看似有些吃亏，实际上这样的学习可以帮助你为雇主提供超越预期的附加服务，同样在一定时期后你也会得到超越你的同事的薪水。更重要的是，你的努力终究会得到别人的认可，同事、朋友、领导，包括你的客户。

当然，需要特别说明重点强调的是，一个人的努力工作自然是为了幸福生活，一个人的全部努力都是为了生活的幸福，我们不能做任何损害生活幸福的事情。不过，生活幸福与勤奋学习工作并不矛盾，因为：如果我们不去利用好每一刻的时间去努力学习，我们在幸福生活之外又有多少大把时间白白浪费消失的没有任何价值？

肖兵从来没有幻想自己在博客上的整理和分享到底会有多少人感兴趣，更不会去想这样的分享会带来怎么样的名和利。肖兵只是傻傻地像一只蜗牛一样每天把自己的学习成果与大家分享，其中很多的内容其实很白痴、很简单，但是就这样坚持了一年之后，肖兵回头看看，自己竟然已经做了一件非常了不起的事情。

把一件简单的事情用心坚持一直去做，可能这就是一件伟大的事情。肖兵当然并没有完成什么伟大的壮举，但是肖兵能够体会这句话的意义，以及带给自己的变化。

肖兵很开心这种变化，也希望这样的变化更加深刻也更加浓烈，所以肖兵决定在这条道路上一直勇敢努力地跑下去。

努力并勇敢地一直跑下去！

7

每个人都需要成长，而有些成长真的是需要一些契机或者是磨难，甚至这些难得的经历会逼着你推着你去成长。

有了博客几十万访问量撑腰，肖兵对接下来的项目见面会稍微有了一点底气，不过当整个会议室按照座次坐满了人之后，肖兵的脑子里还是“嗡”的一下，一片空白。

公司董事会成员全部在场，还包括几位德高望重的技术界泰斗；陈总带领的会计师团队除了陈总之外还有一位联席合伙人。律师这边也不含糊，尽管只有一个人，也是一个具有十多年从业经验的老律师。

先不论能力、经验还是资历，就单看年龄，人家都要比你大上十岁以上，这种无形的压迫感就足够让肖兵有些吃不消。

肖兵本来想着让一起来的陈总来主持会议，而这几乎是不可能的。陈总说：“你们券商以后就是我们这个项目组的主心骨和领路人，这个会议自然要你来主持，另外你现在在业界已经是小名人了，我们还想听听你的高见呢。”

躲是躲不过去了，并且这样的情况下也不应该躲，应该作为保荐机构的代表勇敢地冲上去。如果这第一枪作为带头人就怂了，这个项目后面遇到的坎坷和困难可能要比你想象的多得多。

在肖兵知道自己要独自来开这个会的那一刻起，肖兵就充分调动起了身体的每一个细胞做了准备。

肖兵把这一年来参加的大大小小的会议统统像过电影一样回忆了一遍，想想基本的流程和具体的注意事项，重点是把每一次会议的会议纪要好好学习了一下，总结整理一下初次见面企业老板主要关注的问题以及他们想要得到的答案。另外，肖兵还把这大半年来自己一直学习的一些结果和成果好好地复习了一下，以保证自己在会议上专业知识不要输太多。

肖兵清了清嗓子，目光逐一与在场的各位做了个交流，示意会议正式开始："今天很高兴与大家见面，我们现在会议正式开始。"

会议的过程和内容没有详细描述的必要，只说会议的结果和效果还不错。其实，在这种会议上并没有涉及更多专业性的问题，更多的是一种认识和交流。这个时候，如果你能够有足够的亲和力和坦诚，能够让客户充分信任你并且在以后的工作中相信你说的和你做的，那么这次会议就是成功的。

肖兵认为，在工作中，很多情况下或许你的情商比智商更重要，说得更狭隘一些，就是你与人打交道的能力要比你的学历甚至专业知识更加有效。

这次见面会在一片欢乐友好的气氛中落下帷幕，并且取得了非常好的效果。本来这次合作就没有太多的问题，经过这次会议，企业更加坚定了合作的决心，企业直接交给了肖兵一份合作框架协议，只要等着中华证券这边签字盖章就可以正式生效了。

肖兵很开心，因为自己出色地完成了一件很重要的任务，更重要的是，肖兵帮助杨总解决了一个大难题。员工为领导解决燃眉之急，这是员工的本职，也是员工的完美表现。

深秋的沈阳已经非常寒冷，在肖兵主持会议的过程中，肖兵的后背整个都被汗水湿透了，只是有厚衣服的遮挡并没有被别人发现。等出了会议室，被冷风一吹，透心的凉。

每个人都需要成长，而有些成长真的是需要一些契机或者是磨难，甚至这些难得的经历会逼着你推着你去成长。就好像一个人去学习游泳，你总是在安全的浅水区活动一直都觉得自己还没有学会游泳，而某一次到了深水区自己逼迫自己扑腾了几下或者喝了几口水之后才发现其实自己早已经学会了游泳。（此比喻存在危险，小朋友不可轻易模仿）

8

这张考试的成绩单，就好像是一个价值连城闪闪发光的斗篷，没有行业经验的人穿上立马就是行业精英，而再牛逼的行业牛人如果没有这身斗篷立马就被人忽略。

回到北京，肖兵迫不及待地去向杨总汇报工作，本来以为可以得到杨总不惜溢美之词的夸奖，结果令肖兵失望的是，杨总还是那样平静。

杨总平静地听完了肖兵的回报，平静地给肖兵安排了下一步的工作以及要注意的事情。肖兵在这平静当中，还是能够听出一种欣喜和赞美，这样的情绪或许只是存在于某个语气、某句话的暗含之中，甚至是某句话的停顿之间。

语言的艺术就是如此奇妙，领导的语言艺术更加奇妙。

语言上的赞许只能满足肖兵心理上小小的慰藉，而杨总最后的项目安排才是最实惠的："沈阳这个项目企业那边反响还是不错的，你下一步就做这个项目的负责人吧，算上实习你来公司也差不多两年时间了，公司现在就缺少独当一面的项目负责人，希望你能够好好把握这个机会，让自己能够更快地成长。"

好好做项目是成长，通过保荐代表人考试更是成长。

如果你通过了考试，岗位职级会连升三级，工资自然也是水涨船高，从此之后你就正式迈入了连领导都不敢轻易得罪你的公司核心员工行列。此后，谁还关心你其实入职才一年多根本没有多少实践经验，也没有人关心你前几天才因为一个会议纪要都没做好而被领导大骂了一顿。

这张考试的成绩单，就好像是一个价值连城闪闪发光的斗篷，没有行业经验的人穿上立马就是行业精英，而再牛逼的行业牛人如果没有这身斗篷立马就被人忽略。

一场考试就是那么神奇，考试不是经常这么神奇吗？

因而，对于肖兵来说，做项目很重要，但是复习考试更加重要，不求出类拔萃至少不能轻易掉队，尤其是对于与他一起进来的同事来说。

如果你考过了而一起来的新人都没有考过，那么你在领导心目中的地位肯定是甩过别人几条街；同样，如果别人都考过了而就你没考过，那么别人也可以把你甩出几条街。

肖兵想，我一定要加倍努力，为了那个金色的斗篷也要加倍努力，尽快实现自己的辉煌梦想。

肖兵的梦想有很多，每一个梦想都那么清晰而现实：

比如哪怕在五环之外买一个四十平米的房子。那样自己也就不用再与别人一起合租了，合租房子因为使用卫生间都要经常吵架，结果每次肖兵都吵不过别人。

比如买一辆属于自己的小汽车，如果能够自己开车回家会是多么拉风的一件事情，去年自己的小学同学贩卖鸡肉发了家，开了一辆别克轿车回老家，连村长都去村头看了。

比如要给自己的女朋友逛街买衣服也不要天天只能在动物园批发市场转悠了，能够陪女朋友想看电影就去看电影，想喝星巴克咖啡就喝咖啡，不用每次在进行这种奢侈消费时都要进行一番激烈的思想斗争。男人对自己爱的女人好是天经地义的责任。

当然，肖兵还梦想着要做一个专业知识丰富、业务能力突出的优秀投行从业人员，可以为客户的问题提供最佳解决方案，肖兵愿意为客户服务客户也喜欢肖兵为自己服务。

梦想还有很多，离自己最近的最璀璨，也看得最清楚。

肖兵清楚地知道，实现这些梦想或许最快速的途径就是拿到那个小斗篷，就如同曾经那位没有小斗篷的老投行说的那样。

最好是，就自己考过别人都考不过。这样的想法很自私甚至卑鄙，可是谁又能保证别人就没有这么想过呢？

9

就如同一个神灵突然闯入了你的生活，走进了你的世界，她不停地诱惑你又不停地折磨你，她毫不客气地占据了你生活的每个角落、每个细节，让你在任何时候做任何事情的时候都不敢忘记她，甚至觉得连与女朋友亲热都是浪费时间。

准备保荐代表人考试的过程和感觉，很奇妙，很怪异。

就如同一个神灵突然闯入了你的生活，走进了你的世界，她不停地诱惑你又不停地折磨你，她毫不客气地占据了你生活的每个角落、每个细节，让你在任何时候做任何事情的时候都不敢忘记她，甚至觉得连与女朋友亲热都是浪费时间。她让你忘却了花开花落生活的美好，甚至让你不能呼吸，但是又让你心甘情愿、死心塌地地追随。

痛苦不堪却又欲罢不能，大不了为了官升三级和高额工资，拼了。就是这种感觉。

好在，考试只是生活曾经存在的一个段落；因而，痛苦会结束，折磨也会结束。只有，诱惑仍在继续。

肖兵觉得自己已经复习非常到位甚至胸有成竹，为了准备第二天的考试早早准备就上床睡觉，却突然发现自己怎么样也睡不着。

肖兵曾经倒头就睡的天生优良品质今天是彻底失效，只要是脑袋一沾上枕头脑子就在疯狂地旋转不知道在想些什么，反正是越想越精神越想越睡不着觉，就连数羊这么传统的方式都在数不了多久之后被什么东西给无情打断。

睡不着觉，明天怎么会有好的精神去参加考试，肖兵迫切需要尽快解决失眠的问题。听说吃香蕉可以解决失眠，肖兵把冰箱里剩下的全部吃掉了，无效。听说人累了就会困，肖兵跑到阳台上拼命地做俯卧撑，无效。

听说感冒药有些是有催眠的作用，肖兵不管有没有用抓了一把吃了，无效。

肖兵坐在床头有一种想哭的感觉，倒不是肖兵有多懦弱，只是肖兵痛恨自己怎么那么不争气，在这个小事面前都不能淡定；又感觉有些无助，真的希望能有人帮助自己能够好好睡这一觉。

无效，那就注定一晚上睡不着。睡不着，那就躺在床上迷糊，就这么迷迷糊糊稀里糊涂就天亮了。

一晚上这么折腾，第二天的精神自然是好不了的。尽管脑子昏昏沉沉，脚下一步深一步浅，但是肖兵还是觉得自己精神百倍，仍旧可以很好地完成探险寻宝的任务，去取下那件金色的斗篷。

越想得到越容易失去，也更容易在失去之后追悔莫及。肖兵并没有通过考试。

跟小兵一起来到公司的新同事只有于红通过了，而其他跟肖兵一样的新兵蛋子都没有通过。

同一起跑线的人至少这次没有人抢跑也没有人落下，这让肖兵减弱了一些悲伤。而让肖兵可以好好高兴的是，于红顺利通过了。

本来以为于红丰富多彩而又坎坷流离的职业生涯即将迎来第二个春天，结果签字注册的事情还没有着落，在第二年严打报名资格的时候因为考试资格问题而被取消了考试成绩。

去你妈的，命运！于红心里肯定这么想过。

塞翁失马焉知非福，如果肖兵考试通过了可能跟于红也是一个命运。好险！肖兵曾经这么想过。

10

在职场中，新人的成长问题总是让新人困扰，让领导头疼。新人觉得自己根本没有成长的机会，而领导觉得新人在很多情况下根本难堪大任，把机会给了新人，万一出了岔子就会有难以挽回的损失。

考试失败了之后唯一的感受，肯定是很痛苦、很失望。

考试失败了之后唯一的选择，肯定是继续复习、重新来过。

除了这些，肖兵决定暂时忘掉考试，积极投入到项目的滚滚大潮中去，用自己视线和精力的转移来转移自己的情绪，忘掉因考试而带来的所有的坏情绪。

沈阳那个项目肖兵还是很重视的，毕竟是在这个项目上自己经历了很多的第一次，比如第一次独立地去参加企业见面会，第一次参与项目的承揽活动，并且即将以项目负责人的身份去承做这个项目。

肖兵希望，这个项目能够打上自己的烙印，体现出自己的才华，希望自己能够做一个漂亮亮亮的项目。

在职场中，新人的成长问题总是让新人困扰，让领导头疼。新人觉得自己根本没有成长的机会；而领导觉得新人在很多情况下根本难堪大任，把机会给了新人，万一出了岔子就会有难以挽回的损失。

对于新人，要充分夯实自己的知识结构和业务技能，随时做好迎接挑战的准备。而对于领导，也需要在恰当的时机充分信任新人，给他们一个独立负责项目的机会，如果一直前怕狼后怕虎，那么新人永远没有成长的机会。

很多情况下，新人并不是不愿意成长，而只是缺少了让自己实现质变的一个机会，一个绝佳的机会。幸运的是，肖兵这次得到了这个机会。杨总给了肖兵这个机会，那么肖兵一定要紧紧抓住这个机会，一刻不得偷懒，一刻也不得放松，肖兵甚至偶然会有要为这个项目肝脑涂地死而后已的冲动。

肖兵暂无妻儿，光杆司令一个倒也方便自己全身心投入到项目中去。肖兵甚至还有点想念出差的日子，不用自己操心每顿饭吃什么，也不用天天挤公交车换地铁，跋山涉水地上班，并且每天还可以领到几十块钱的伙食补贴，而这些钱足以交房租了。

肖兵白天在企业那里看底稿做方案，热火朝天、不亦乐乎；晚上回到酒店就看法条做习题，热情高涨、志在必得。白天做项目，晚上复习考试，肖兵的时间安排得紧凑而有序，充实而有效。

古话说双喜临门，肖兵想或许这也是一种宿命。说不定年底的时候，肖兵就可以项目成功并且考试通过。若果真如此，肖兵一定大摆筵席，好好庆祝一下，自己想吃什么就吃什么，不仅如此，还要请全部的同事吃饭，一起庆祝。

想想，都感觉那么甜蜜、那么兴奋。

想想，肖兵的劲头就更足了。

11

梦想为何总是那么珍贵，是因为梦想并没有那么容易就可以实现，因为在实现梦想的道路上总会有一些不可预知的因素在阻挡着你。

梦想为何总是那么珍贵，是因为梦想并没有那么容易就可以实现，因为在实现梦想的道路上总会有一些不可预知的因素在阻挡着你。

就在肖兵干得激情澎湃，觉得自己的未来充满阳光的时候，突然一个消息彻底打乱了肖兵的计划。

企业老板找到肖兵说："我们该暂停上市计划了，我准备把企业搬到内蒙古去，我们的原材料主要就集中在内蒙古，当地政府承诺给我足够的原材料保障。此外，当地政府还给了很多的优惠政策，不仅是土地以白菜价格到手，还有就是全面的税收优惠政策。"

肖兵一时根本就没有反应过来，有些下意识地问道："那你现在沈阳这些资产和业务怎么办？"

老板说："这个好办，目前就交给我的儿子打理，我下一步的精力主要就是要投入到新公司的建设和运营中。到时候我在内蒙古的公司不只是再造一个公司那么简单，规模可能是现在公司的好几倍甚至是十几倍呢。"

肖兵不知道该怎么接着老板的话茬继续往下说。他或许应该面带笑容好好恭喜一下企业老板有了更好的投资机会，可是肖兵总觉得心情怎么都好不起来，总觉得心里突然塞进来一块大石头，压得自己有些喘过气来。

企业老板可能发觉出来肖兵的变化和态度，主动赔着笑脸说："我上市还是要上的，等我内蒙古的公司发展起来我就把沈阳的公司收购了，到时候我们再上市，那时候我公司的规模要远远大于现在的。虽然要等上一段时间，不过到时候你可能会做一个大项目，我觉得等也是有价值的。"

肖兵没有说什么，心里说你是老板你说什么就是什么呗，反正我们就是打工的。肖兵最后只问了一个问题："你内蒙古的企业大概需要多久能够发展起来？"

企业老板掰着手指头数了很多的环节很多需要做的事情，肖兵没有心情去关心那么多，只是记住了老板最后的结论：最快也要五年多的时间了。

老板宣布了自己的决定，肖兵没有等，肖兵第一时间跑到酒店去收拾东西准备打道回府。就好像正在进行的一段甜美的恋爱突然间就宣布分手了，肖兵想尽快离开这样一个伤心之地。

来来回回，断断续续，肖兵差不多在这个酒店住了两个多月的时间，这家酒店的服务态度实在是差得很，就好像肖兵根本就不是花钱住在了酒店，而是住在了服务员的家里，霸占了她的床，惊扰了她的梦。

但是这些服务员里面有一个例外，一个叫小文的服务员对肖兵客气得很，有时候见了面还会不咸不淡地聊上几句，慢慢也就熟悉了。肖兵本来想在走之前跟小文打个招呼，说不定还可以请人家吃个饭聊聊苦闷的，结果今天小文根本就不上班，两个人以前也没有互留联系方式。

肖兵尽管不愿意跟酒店服务员打交道，但是为了能够跟小文最后道个别，还是硬着头皮向正在聊《大长今》嗑着瓜子的服务员去打听小文的联系方式。

几个人同时抬起头斜着眼望着肖兵，就好像肖兵根本就是准备劫财劫色、不怀好意的流氓一样。几个人盯着肖兵看了一眼，竟然没有一个人愿意搭理肖兵，还有一个服务员低声骂了一句"有病。"

声音很低，他们以为肖兵听不见，但是肖兵听见了。或许，以前肖兵还真可能听不见，但是今天偏偏就听见了。

就这么奇怪。

12

对于杨总来说，失去的或者推延的不过是一个普普通通的项目，而对于肖兵来说，扼杀和消灭的却是他结结实实的梦想和希望。

肖兵回到自己租住的由客厅隔断的单间里，看着空落落的床和饭桌上落下的薄薄灰尘，突然有一种特别强烈的想哭的冲动。

肖兵把行李箱一扔，没脱鞋子和衣服就倒在了床上，结果迷迷糊糊很快就睡着了。肖兵这时候才发现自己有多累，就好像以前在兴奋状态压迫之下的疲劳全部袭来，一下子就把肖兵给击倒了。

肖兵再醒来的时候，已经是第二天早上十点多。肖兵简单洗了把脸然后又很不情愿地去楼下的早摊点买了一个鸡蛋灌饼攥在手里，然后就登上了去公司的公交车。

鸡蛋灌饼的味道显然要比酒店大厨做的早餐差远了，好在现在上班的高峰期已过，公交车上已经没有多少人了甚至还有空座位，所以公交车才是“登”而不是挤。

肖兵到了办公室第一时间跟杨总汇报了这个情况。肖兵以为杨总会跟自己一样吃惊然后是失望最后是痛苦，但是杨总的表情根本没有那么复杂，只有平静，只是对肖兵简单说了一句：“我知道了，那你这几天先好好整理一下前段时间的工作内容，等候安排吧。”

对于杨总来说，失去的或者推延的不过是一个普普通通的项目，而对于肖兵来说，扼杀和消灭的却是他结结实实的梦想和希望。

肖兵多么希望杨总能够理解肖兵的心情然后安慰一下自己，哪怕只是简单说几句鼓励的话或者简单地拍拍肩膀。可是，杨总没有那么做，肖兵有点失望和无助。

肖兵找到了于红，于红倒说得干脆："兄弟想开点，做我们这行，项目因为"幺蛾子"半途而废的多的是，千万别想太多了，不然早晚得抑郁症就死了。你看我，干投行差不多都十年了，结果也是一个正儿八经的项目都没做成，我不也还活得好好的？"

于红最后轻轻拍了一下肖兵的肩膀："晚上我请你喝酒，看看你能不能来我的项目组咱一起干。"

肖兵终于等到了这轻轻一拍。

肖兵跟于红喝完酒，回到家拿出手机，才发现有一个陌生号已经给自己连续打了十多个电话。肖兵一直把手机放在口袋里没有听见。

肖兵觉得应该是自己熟悉的人找自己有什么急事，骚扰电话或者推销电话可能会半夜凌晨骚扰你但是绝对不会那么执着，一连打十多个电话。

肖兵拨过去，对面是一个陌生的声音，肖兵小心翼翼地问："请问你哪位？"

电话那头倒有些生气："靠，我的声音都听出不出来了，我是吕晓伟。"

吕晓伟，那不就是肖兵上铺的兄弟，最好的朋友？奇怪的是，肖兵怎么会连自己最好朋友的声音都听不出来呢？

难道真的是我忘接了吕晓伟的声音，肖兵想。不可能，吕晓伟的声音我永远都不会忘记，是吕晓伟说话的语气和声音都发生了很大的变化。

变化，如刀。

13

等肖兵到了酒店的时候，吕晓伟已经在了，并且桌子上已经点好了菜，基本上分为两类：肖兵见过没吃过的，肖兵没吃过也没见过的。

肖兵这才反应过来："原来是小子你啊，声音我都听不出来了，你手机换号了？"

吕晓伟说："没有，我来北京了，就办了一个北京的号，我两个号都打得通。"

肖兵这才想起来，其实自己跟吕晓伟都差不多半年没有联系了，虽然现在通讯发达，电话费也不是很贵，不过人与人之间的联系却因为各种各样的理由被阻断，被拖延，甚至是终止。

肖兵说："那我请你吃饭吧。"

吕晓伟说："不用，我公款吃喝，请你吃饭吧。明天下午六点北京饭店。"

肖兵没有拒绝，肖兵知道吕晓伟凭借老丈人的关系在银行里工作，小小的生活腐败在所难免。

肖兵猜到了吕晓伟毕业之后可能会有不小的改变，可是没想到，竟然是如此惊天动地的改变。

等肖兵到了酒店的时候，吕晓伟已经在了，并且桌子上已经点好了菜，基本上分为两类：肖兵见过没吃过的，肖兵没吃过也没见过的。

吕晓伟上学的时候打篮球锻炼出来的健美身材早已经不复存在，取而代之的是一个小型游泳圈和一个初步发育的将军肚。一身西服配在吕晓伟高大且尚未完全变形的身材上简直就是配合得天衣无缝，尽管肖兵并不知道那是什么牌子，不过看那感觉就知道这身西服便宜不了。肖兵纵然分辨不出一万块钱的衣服和两万块钱的衣服的区别，但是肯定分得出一千块钱的衣服和一万块钱的衣服的区别。

这还不算，肖兵身边还坐着一位尽管以工作服代表了自己的端庄但浑身散发出藏不住的狐媚之气的妙龄女子。这显然不是吕晓伟的老婆，肖兵看了看吕晓伟。

吕晓伟明白肖兵的意思，赶紧解释：“这是小王，我的助理。小王，这是我的同学，曾经清华大学的才子，肖兵。”

小王甜甜地叫了一生“肖哥”，差点没把肖兵的魂魄给叫出来。小王伸出自己的手，肖兵握上去就好像握到了一团人肉做的棉花糖。

就这两下子，如果肖兵有权在手能够什么事情都可以无法无天地去做，他有 80% 的可能性直接拉着小王往酒店里跑，一边跑就一边脱裤子，还管什么党纪国法礼义廉耻，老子做一回男人再说。

尽管肖兵就是这么想想，但是脸上的表情还是有些不自然，吕晓伟应该能够发现。吕晓伟转头对小王说：“小王，以后要跟肖哥多联系多学习，要让肖哥好好关照你。”

小王咯咯地笑起来，肖兵也跟着笑。然后就是吃饭，吕晓伟没怎么吃，肖兵每个菜尝了一口差不多也就吃饱了。酒也没怎么喝，吕晓伟说一会还要见一位领导，得留着肚子一会再喝，尽管肖兵想把桌上的两瓶茅台全部灌倒自己的肚子里好好过把瘾，可是主人不喝自己也就简单喝了一点。

肖兵还幻想着吕晓伟不喝可以指示小王陪着自己喝一点，显然小王接下来可能也还有重要任务。小王没有接到这样的指示，那么就一直规规矩矩地坐在肖兵旁边，肖兵有点失望。

由于吕晓伟明确说自己下面还有重要的领导要见，这顿饭吃得很快。肖兵本来还想跟吕晓伟好好聊聊家常，就跟曾经在学校上下铺熄灯之后那样，但显然吕晓伟既没有时间也没有心思。肖兵不想耽误吕晓伟的工作，就提出先回去。

吕晓伟没有挽留，只是说下次来京继续再聚，然后让小王去买单，并提示小王有事情再叫他。果然，小王买完单之后并没有再回来，而是在门口等着吕晓伟。

吕晓伟显然知道肖兵有很多疑惑需要吕晓伟解答，于是就趁着临走之前小王不在的时候跟肖兵说几句心里话："那个小王是我们银行的客户经理，也是我的助理，我家里的'母老虎'肯定是不愿意我带这么个妖精出来的，可是客户需要、领导需要，我也没办法，好在老丈人理解、我支持我。"

肖兵说："那你现在很牛啊，都有助理了，是不是升官发财了？"

吕晓伟说："升什么官，我现在是银行的客户部主管，还不是仗着老丈人直接下属的关照以及帮着找了几个大的贷款单子。按照正常程序，明年年底当个副行长应该问题不大。"

肖兵不由得感叹："我的个乖乖，我就没有你那份姿色啊，要不然我也直接去找个老丈人好了。"

吕晓伟说："哎，我没有你那个才华和本事，为了这个结果你知不知道我要承受多少生理上和精神上的痛苦吗？"说完，还向肖兵眨了眨眼睛，就这一下眨眼睛，让肖兵仿佛回到了曾经的大学时光。

肖兵说："那你也不能把自己生理的痛苦转嫁到小王身上吧。"

吕晓伟哈哈大笑："你说天天有这么一个妖精在你身边晃悠，你能把持得住自己？"吕晓伟补充了一句："开玩笑的，兄弟顶得住。"

肖兵觉得自己根本顶不住，觉得吕晓伟也有可能顶不住。吕晓伟说的话不知道是真的还是开玩笑。

谁知道呢？

Chapter 5

开张了
第一次承揽项目

投行十年

1

凡事预则立，不预则废，此话不假。不过，无心插柳柳成荫，这种感觉有时候也挺棒的。

肖兵仍旧单身，理论上讲也有机会走吕晓伟一样的奋斗路线，如果真有这样的机会肖兵会接受吗？肖兵会百分百地拒绝。所以，肖兵还需要靠自己的勤奋和努力去奋斗自己的未来。

有权的靠权开道，有钱的使钱买路，无权无钱有姿色的必要时可以出卖姿色，而什么都没有的，就只能靠自己的双手来创造奇迹了。

大力出奇迹，奋斗出未来。

肖兵尽管还不知道自己的未来在哪里躲着，在何方藏着，也不知道自己的未来到底是什么样，不过肖兵前段时间工作的危机至少可以保证已经完全消除了。

尽管没有通过保荐代表人资格考试，但是在没有通过考试的人中，肖兵的分数是最高的。

肖兵第一个负责的项目尽管没有成功，但是这并不是肖兵个人的错，关键是肖兵通过这个项目基本上锻炼出了独立应对项目工作的能力，现在很多工作杨总只需要简单交代，肖兵就可以完成个八九不离十。

肖兵慢慢觉得自己已经渐渐有了能够在投行界立足的资本，尽管这样的资本还很孱弱也很卑微，不过至少开始有了。

当然，还有一件重要的事情需要好好说一下的，就是肖兵还在苦心经营着他的博客平台。

肖兵就好像一个开饭店的老板，只是埋头从浩瀚的菜市场买了菜，然后用自己并不精湛甚至拙劣的厨艺做了很多或咸或淡的菜肴，静静地放在那里供大家品尝。

肖兵不会吆喝自己的饭菜有多好吃，也不会要求进来的客人付钱买单，肖兵只是每天把菜端上来，客人也是进到店里尝了饭菜或写一句评论或点一个赞再或者就是默默进来默默离开，除了增加了一次访问量什么都没有改变。

肖兵并不在意这些，肖兵只是用心地寻找最新鲜的食材，做自己认为最用心的菜肴，仅此而已。有时候肖兵也会突然想出一些新鲜的想法，想发表自己的观点，或许这就是肖兵从中得到的最大的收获。

每天早上，肖兵都会挂出自己的招牌证明自己开门营业。每天下午，肖兵都会摘下自己的招牌告诉大家自己已经下班了。有多少人关心，有多少人喜欢，又有什么关系，只要自己做得开心并且能够帮助自己提高就足够了。

肖兵，早就过了每天还要自己去点击增加阅读量的阶段了。肖兵博客的访问量不知不觉已经到了 100 万了。

有时候，做事情之前我们会定下一个远大的目标，并且为这个目标制订了详细的实现计划。但是，更多时候我们往往会被这个远大的目标所吓到或者因为实现过程中出了小问题或者遇到了小麻烦而不再坚持，半途而废。

有时候，我们并不知道自己的目标在哪里，不知道最终会到达的目的地在哪里，我们只能埋头做好自己眼前的工作，并且每次用心把这些工作做好、做到位。等我们就这样“傻乎乎”地做了一段时间之后，回头再看看曾经做过的事情、走过的路，或许我们会被自己吓到。

原来，我们如此出色，我们是那么厉害。

凡事预则立，不预则废，此话不假。不过，无心插柳柳成荫，这种感觉有时候也挺棒的。

2

对于老板，永远希望下属送到手里的是一盆鲜花而不是一桶牛粪。

这一天，肖兵依旧开张迎客。肖兵把自己昨天研究的成果发布到了博客上，至于访问量或者文章下面的评论已经不再刻意关注，不过两个闪着光亮的纸条提醒还是引起了肖兵的注意。

博客的评论一般有如下几种情况：最多情况是无良的水军做广告之用，主要就是炒股的神人。一种是表示感谢的，无非就是受益匪浅多谢楼主之类的；另一种就是发表自己对于问题的看法，就事论事谁都可以发表意见。博客的评论不论哪种情况都不具有很强的针对性和隐私性，就如同你公开发表演讲总会有所顾虑和考量。

而纸条则不同。如果说评论是公开演讲的话，那么纸条就是私人聊天。

有人通过纸条向你发送消息一般可能会有以下情况：一种是有特定性针对的问题要交流，而这种交流是两个人之间的事情，不愿意让别人知道；另一种是一些敏感的话题需要探讨，或者具体项目问题需要判断；还有一种可能就是认老乡或者校友的。不管属于哪种情况，纸条的内容可能与肖兵更加相关也更加重要一些，所以每个纸条肖兵都会打开看一下是什么具体的内容。

肖兵将第一个纸条打开一看，果然不出所料，是一个老乡向自己打招呼。第二个纸条打开一看，内容倒是挺长的，基本的意思是：发信人韩总为一个公司的董秘，所在企业正在准备上市，对肖兵在博客上发表的一些观点比较认同，询问肖兵有没有机会可以作为他们企业上市的保荐机构。

来生意了，这让肖兵异常的兴奋。对于任何一个投行人员来说，能够承揽到一个项目都是非常困难的事情，更何况像肖兵这种没有任何资源、一穷二白的新人。肖兵只是把博客作为一个知识分享的平台，真想不到还会有意外的收获。

不过，肖兵在经过血往脑袋上涌的兴奋之后，还是很快地又冷静了下来。因为肖兵明白，互联网毕竟是一个很虚幻的东西，两个人从网上谈情说爱到最后能够真正组成家庭不知道要经过多少次小概率的冲击和磨难之后才会实现，就算企业上市项目无法跟伟大的爱情相比，不过对企业来讲也是一件大事。

肖兵向对方了解企业的基本情况以及下一步的上市工作计划，对方基本上是有问必答，肖兵感受到了对方的真诚和信任，这让肖兵心里放心了很多。肖兵又深入地向对方咨询了几个问题之后，肖兵觉得到了向杨总可以汇报的时机了。

肖兵这一次很慎重，千万不能再犯上一次的错误。

就是在前一段时间，肖兵的一个老乡说自己认识一个很牛的高人可以介绍企业上市的项目，肖兵以为遇到了贵人急匆匆地联系。高人也毫不客气，说自己手上有十几个项目都可以马上上市，希望可以跟肖兵的老板直接谈合作的条件。

肖兵觉得如果自己能够帮助杨总联系上这个高人，那么以后整个北京分公司几年都不用愁项目资源了。于是，肖兵信誓旦旦地向杨总保证并联系了杨总跟这位高人见面。

结果是，传说中的高人几乎就是卖安利搞传销的出身，满嘴跑火车还根本没有终点站，甚至连收入和利润都傻傻分不清楚，以为企业收入一个亿就是利润一个亿，结果有的企业别说利润一个亿，就连几百万都是东拼西凑的。

在这件事情上老板不满意甚至是非常不满意那是自然的，平白无故地被自己的下属稀里糊涂地找个人给忽悠了一大圈，你说能不窝火吗?

肖兵经过这件事，吸取了一个大大的教训：作为下属，自己没有把握、没有搞清楚的事情千万不要着急往领导那里交接。对于老板，永远希望下属送到手里的是一盆鲜花而不是一桶牛粪。

3

这给企业带来了一个烫手的山芋，吃掉很难受，扔掉更没胆，最好的办法只能是这个山芋千万不要送到自己的手上来。

肖兵向杨总汇报，杨总并没有说行也没有说不行，而是一连串地问了肖兵一大串问题。那意思肖兵自然也明白，你小子可不能再找那没谱的事情来糊弄我。

肖兵这次自然是不打没准备的仗，有问必答并且做到了心中有数。杨总一看，按目前的状况至少不会出现上一次那种情况了，也就答应了肖兵的要求，约一个时间去企业进行实地的拜访和考察。

由于企业的地址就在北京且离肖兵的办公地址并不是很远，因而与企业的第一次见面很快成行，而结果也远远超过肖兵的预期——效果非常好。

杨总对企业的印象很好，觉得这个企业还是很不错的一个项目。企业对中华证券以及杨总承诺的项目组人员构成也比较满意，如果没有什么别的意外，就可以初步建立合作意向了。

从企业回来的路上，杨总第一次比较明确和正式地表扬了肖兵："小肖，以前觉得你搞博客主要是为了自己业务提高，当然也会占用很多工作和项目上的时间，我对你这种做法持中性的态度。现在看来，你这个博客不仅能提高自己，也能够帮助公司带来一些业务的，既然能够一箭双雕那我就好好鼓励支持你继续把博客完善下去，甚至可以考虑做成我们公司的一张名片。"

全公司的人都知道，杨总并不轻易夸人，而这一次竟然给予肖兵如此高的评价，肖兵能够掂量得出其中的分量。

肖兵也赶紧表态，无非是感谢领导支持，以后还要继续努力，弥补不足，继续提高，保证给公司作出更大贡献。

这一次，肖兵和杨总的谈话非常顺畅和愉快，不仅谈到了工作，还谈到了生活，杨总还主动问肖兵有没有女朋友，甚至还谈到了这个行业的一些潜规则和八卦趣闻。

对于肖兵来说，这种感觉很奇妙，这种改变很奇妙。

这个项目所经历的过程是如此的顺利，让肖兵觉得承揽项目有时候会很困难，有时候可能也比较简单，或许这也是自己这两年辛苦耕耘的一个收获吧。然而，事情还是没有那么简单，周六一大早企业的韩总的电话就提醒了这一点。

原来，公司准备上市的事情尽管消息保密工作做得很好，但是还是被市里的一位领导知道了，周五晚上来电说周一领导要来企业拜访，安排一下中介机构的协调问题。

这给企业带来了一个烫手的山芋，吃掉很难受，扔掉更没胆，最好的办法只能是这个山芋千万不要送到自己的手上来。于是，周末一大早，韩总就给肖兵打来了电话。

尽管肖兵仍还在梦中恣意地遨游，不过看到韩总的电话号码，还是头脑立马回到现实清醒起来，第一时间接通了电话。

肖兵入行两年已经养成了投行人的工作习惯：全天候二十四小时不关机，对一些近期内重要的电话号码能够保持高度的敏感性。

4

对于领导来说，最基本的工作素质要求就是：不要在下属面前表现出你的不安和惊慌，毕竟兄弟们都是跟你混的，老大都没辙了小弟们人心也就散了。

企业要在既不得罪领导又表示自己有苦衷的情况下，扔掉这个烫手的山芋，最好的理由就是：我已经有一个山芋了。

于是，韩总的意见非常明确，那就是要在周一之前也就是这个周末完成中华证券跟企业的合作协议签署工作。

对于乙方来说，如果有甲方迫不及待地甚至有点哀求地请你尽快签合同，那简直跟烧了一辈子香真的感动了上苍一样，想都不敢想。

不过这一次，对于肖兵来说，却是一个大大的难题。大周末的，到哪里去签字，到哪里去盖章，到哪里去签合同？

肖兵第一时间并没有将这一突发事件向杨总汇报，想着自己能不能先尝试解决一下，尝试之后才发现，门都没有。肖兵通过通讯录拨打了无数遍负责合同管理人员的电话，结果根本就没人接听。

没办法，肖兵只能向杨总求助。杨总听完情况汇报那也是相当为难，他也是第一次遇到这样的情况。不过杨总还是很快理清了思路，并且安慰肖兵不要着急，自己想办法全力配合肖兵完成这个工作。

对于领导来说，最基本的工作素质要求就是：不要在下属面前表现出你的不安和惊慌，毕竟兄弟们都是跟你混的，老大都没辙了小弟们人心也就散了。

在解决疑难复杂问题上，领导不仅有领导的思路，自然也有领导自己的资源。杨总没有给具体办事人员打电话，而是直接给负责合同管理的一把手打电话。杨总的思路是对的，在这种需要快刀斩乱麻地解决问题的情况下，需要从最高领导直接下指示往下一级推进，这样才会有效率。当然，关键是杨总也有这样的资源，就算肖兵有这样的想法，直接给负责人打电话，人家也不会理你。

领导出马，效率自然不一般，到周六下午盖章审批的流程就很快到了最后一关，这个人就是分管业务的副总裁。已经过五关斩六将，就剩下最后这个大 BOSS 了，打完这个就通关了。

副总裁是一个有名的闲云野鹤般的人物，一到节假日就会到深山老林里去过世外桃源的生活，电话没信号打不通那是正常的，要是能打通那就只能感谢中国移动通信业务发展迅速信号覆盖越来越广了。

杨总一看最后流程走到了副总裁那里，心里就凉了半截，心存一丝希望抱着试试看的态度拨通了副总裁的电话。

很遗憾，这一次并没有出现奇迹，副总裁的电话无法接通。没有办法，杨总接受了合同管理负责人的建议，发邮件。副总裁的电话尽管打不通，但是一般情况下每天晚上还会习惯性地看一下邮件，如果盖章的事情通过邮件请示，只要副总裁回复一下邮件有个授权这个事情也就好办了。

但是，副总裁具体什么时候看邮件，什么时候回邮件，完全是随机的，没有任何规律可循。杨总和肖兵需要做的，就是随机地等待。

当晚上八点还没有看到副总裁回复的邮件，杨总决定不再被动地死等，而是要主动地出击，死马当做活马医。

5

肖兵在春风沉醉的晚上回到家，却没有任何的睡意，躺在床上胡乱按着遥控器却没有任何心思看电视。

杨总让肖兵找来了胶水、剪刀、双面胶等工具，然后从办公室找到了一份合同的复印件，神神秘秘地对一脸茫然的肖兵说："今天我给你露一手我已经好多年不干的江湖绝技。"

杨总将原来合同复印件上的公司印章小心翼翼地剪了下来，又将一张空白白纸剪了一个相同大小的窟窿，将剪下来的印章小心翼翼填到配套的窟窿里，用双面胶之类的稍作修整，复印后就会有一个公司印章的复印件。刚开始复印可能周边会有比较明显的一些黑线，经过多次调整以及多次复印，黑线会逐渐淡化，如果不是仔细看还真看不出来。

杨总完成了这份高难度的工作，长长舒了一口气："好多年了，还真是手生了很多。"

看肖兵好像还没有怎么明白什么意思，杨总补充说："果真我们的大仙副总裁没有回复，我们的合同盖不了章，那么我们只能用复印件来代替了。当然，这只是我们的 B 计划。"

杨总和肖兵的煎熬和等待并没有再持续多久，合同负责人打来了电话，副总裁回复了，公司盖章流程已经特事特办完成了。盖好的合同将在今晚连夜通过航空快运从公司总部快递到北京，时间应该还是非常充裕的。

肖兵忍不住欢呼起来，但看到杨总并没有比较亢奋地庆祝，自己也就快速冷静下来。

杨总对肖兵说："明天你在这里等快递就可以了，我还有事情先走了，你也辛苦了，早点回去休息吧。"最后，杨总还补充道："今天没空，等有时间了一起吃个饭小小地庆祝一下我们的成就。"

尽管已经夜里 12 点多，不过肖兵好像一点困意都没有，反倒觉得全身通透清爽得很。或许就是：人逢喜事精神爽。

爽，真爽。

肖兵在春风沉醉的晚上回到家，却没有任何的睡意，躺在床上胡乱按着遥控器却没有任何心思看电视。

他想了很多。

他想到自己一直刻苦学习整理资料与大家分享的努力没有白费现在已经得到了回报，他想到现在自己已经慢慢得到了顶头上司的认可或许还有那么一点点喜欢，他想到如果自己负责承揽的这个项目最后成功了怎么着自己也能够拿到一笔不菲的奖金，到时候或许就可以付个首付买个属于自己的房子了。

他想到或许还能够剩下一些钱还可以去买一辆车，这样以后跑业务也更加方便一些。他想到自己也有钱请女孩子去高档餐馆吃饭，就算一天看一场电影也不会心疼，泡妞舍得花本钱自然也就离成功不远了。

肖兵想着自己未来女朋友的模样，就迷迷糊糊睡着了。醒来的时候，已经早上十点多，拿来手机一看并没有未接来电，这说明肖兵并没有错过重要的事情，包括今天中午前后就可以送到的合同。

楼下鸡蛋灌饼的摊子尽管是卖早餐的，不过一般收摊都比较晚，加上周末年轻人本来就起床晚自然更是延长了营业时间，肖兵十点多下楼还是非常顺利地买了一个鸡蛋灌饼。天气已经慢慢有些热了，肖兵非常“不讲究”地来到翠微百货的门口花五块钱买了一瓶可乐为自己解暑，也是犒劳自己。

要是以前，肖兵就算是喝饮料，都是不嫌排队麻烦也要去超市里买，因为超市里肯定是最便宜的，为了方便在路边甚至是商厦里买要多花一倍的钱肯定是不划算的。今天不一样，马上就是有钱人了，这点小钱不在乎了，肖兵美滋滋地想。

6

进入二十一世纪以来，在中国经济哀鸿遍野、一片夕阳红的大背景下，有一个行业带给我们难得的激情，那就是快递。

进入二十一世纪以来，在中国经济哀鸿遍野、一片夕阳红的大背景下，有一个行业带给我们难得的激情，那就是快递。或许现在并没有权威的部门或者详尽的数据来评价快递行业给整个经济行业带来的影响和变革，不过对于肖兵来说，合同能够早一分钟送到手里，他就能够少一分钟的折磨。

谢天谢地谢快递，肖兵抱着自己的鸡蛋灌饼下了公交车，正准备把剩下的一半消灭掉，口袋里的电话响了，尽快路上车水马龙声音嘈杂，不过肖兵还是第一时间接起了电话。肖兵早就把电话铃声的音量开到了最大，就差再加一个高分贝音箱了。

接起电话，肖兵听到了快递小哥天籁般的声音。同时，肖兵也拿到了自己想了一晚上就怕今天不能到手的合同。

肖兵兴高采烈地拿起合同，不过让肖兵刚兴奋的心又悬起来的是法定代表人处还是空白的没有签字。肖兵打电话给杨总汇报，杨总轻描淡写地说肖兵你自己扣在玻璃上临摹一个就行，红章都有了签字就没有那么重要了。

尽管肖兵也觉得合同盖了章签字就是马马虎虎的事情，不过肖兵要亲自模仿公司董事长的签名压力还是挺大的。非常值得庆幸的是，董事长的签名还算是比较简单，不管是谁要是模仿起来都能做到七八分像，这让肖兵安心了很多。

中华证券的全部事项已经搞定，剩下的事情就没有什么难度了。肖兵第一时间给韩总打电话，显然那边也是一直在等着。

韩总说：“肖兵你就别过来了，我带着公章过去找你，到时正好我们喝一杯好好庆祝一下，我这边荒郊野地没什么好吃好喝的。”

肖兵没有再客气，肖兵觉得尽管跟韩总只是网上认识且只是在企业见过一面，但总觉得挺亲切的，跟这位老兄打交道没有什么压力，说吃饭就吃饭，说喝酒就喝酒。

肖兵对工作的梦想就是一直想找到这种感觉，一直在寻找总是觉得没有找到，而这一次，难得找到了那么一丝。

韩总就是传说中的“职业董秘”，找到一个好的企业就给人家老板当董秘然后分一点股权，等这个企业成功上市或者被别人收购能够套现了，然后就换一家企业继续重复。

有时候可能觉得工作太累了，或者运气不好不一定能够及时找到下家，那么韩总就选择游山玩水休息一下，反正目前挣的钱下半辈子省着点花应该不会有什么问题，除非身体出了毛病要“换零件”之类的。

韩总比肖兵年长不到十岁，但是这位老兄因为财富快速累积而带给自己的自豪感甚至是一种自负已经让肖兵有些睁不开眼。不过，肖兵坚持觉得韩总一看就是一个好人，哪个男人不喜欢打江山，而男人最喜欢的就是打好江山后别人对他的崇敬甚至是臣服。

肖兵酒量不错，不过由于怕喝酒耽误了正事，因而一般情况下心中这根弦一直绷得很紧，不敢有任何松懈。这一次不同，肖兵把韩总当成了自己的好朋友、老大哥，朋友之间喝酒就可以放开了，所以当韩总提议喝点白酒的时候，肖兵没有拒绝，干干脆脆地答应了。

在肖兵预料之中的是，韩总丰富的职业董秘生涯除了带给他财富之外，应该还有气吞山河的酒量。两个人喝了差不多两斤白酒的样子，肖兵根据以往经验来说这应该差不多就是自己的极限了，再多就要出事，而韩总显然还没有到这个阶段。

肖兵正在犹豫要不要舍命陪君子继续战斗下去直到韩总喝好为止，毕竟人家帮助自己承揽了一个非常好的项目。就在这个时候，韩总直接叫停了酒局，说：“明天还有事情，以后都要在一起合作了，那么聚餐的机会还多的是呢。”

肖兵觉得韩总做事还是非常有分寸的，对比之下，自己显然还是要毛躁了很多。看来，每个人的成功都不是偶然的，都有着自身的独特本领和超人的气质。

肖兵这是请客户吃饭，加上业务已经做成，那么这次餐费肖兵拿给杨总报销应该是没有任何问题的，不过韩总坚持要买单的时候，肖兵也没有坚持。

肖兵总觉得朋友之间不再需要推来推去，找个机会再好好谢人家就是。

7

乖乖，原来贪污腐败这么容易。不过，肖兵还是告诫自己，下不为例。

谢谢韩总的事情，杨总也想到了。杨总听说吃饭的事情都还是韩总买的单，就吩咐肖兵去买点合适的礼物送给他，也算是中华证券的一点心意。

肖兵把这件事情一直放在心里，也觉得有充足的理由把这件事情当作一件重要的事情来做，可是总拿不定主意。这件礼物不能太贵了，太贵了。杨总那边不一定乐意，且上升到经济问题就变味了，再者说了韩总也并不缺钱。这件礼物不能太贵当然更不能随便，不能稀里糊涂找点东西送人就可以了，那样有时候还不如不送，效果可能更加不好。

肖兵从来没送过礼，更没有送过这么有技术含量的礼物。这对于肖兵来说，的确是个非常艰巨的任务。

一个偶然的机会，肖兵出差到杭州。肖兵忽然想到杭州不是龙井茶比较出名吗，并且马上就到清明节了，明前西湖龙井茶要是送一点应该还是不错的。

送茶叶应该属于商务礼仪中比较常见也比较不容易犯错的一种选择。茶叶有助于身心健康，应该没有人对这个东西过敏或者反感。茶叶价格参差不齐，不管你买的是价格高的还是低的，你都可以假定你的接收对象会往高了想，那么茶叶就显得很高端大气。

肖兵立马以一种比较果敢的态度认可了自己的想法，并且刚好自己的一个高中同学就在杭州，到时候让自己的同学帮着自己去买点比较正宗的茶叶就算完成自己的任务了。

肖兵和他的同学来到了传说中的龙井茶的产地，才知道原来茶叶也有这么多的讲究和门道。同样是龙井茶，同样是明前茶，同样的是一堆树叶放在那里，就算是泡一杯放在那里品尝，一般人都不一定分得清楚到底哪样的好哪样的坏，或者说不知道好在哪里坏在何处。

肖兵的同学很热情地把肖兵带到了一家据说从清朝就开始卖茶的农户家里，这家也是肖兵的同学的一个朋友的舅舅。这家农户一下子给肖兵端出来五六种茶叶然后让肖兵挑选，问肖兵要哪一种。

肖兵哪里知道要什么样的，又怕贸然回答漏了怯被别人给欺骗了，于是故作专业地说："帮我挑一些好的，我要送给领导的。"

肖兵的同学也赶紧搭腔："对，我们都是亲戚，你帮我的朋友找一点好的茶叶，当然价格还是要便宜一点。"

茶农显然早就见惯了这样的场面，并且非常善于应付这样的场面："买茶叶原来是送领导啊，那就对了，现在送礼一定要送有品位有文化的，这龙井茶再好不过。是不是要开发票，我们这里发票内容什么都可以，会议费、办公用品、礼品都没问题。"

肖兵赶紧说："要开发票的。"

茶农赶紧说："那我明白了。咱们是朋友介绍的，我建议你选择这种茶叶，1500元一斤，但是跟这3000元一斤的没什么区别，谁都喝不出来差别，到时候我给你开3000的发票。怎么样？"

肖兵还没有反应来怎么回事，肖兵的同学已经开始答应了："可以这么开，但是你要保证这茶叶不能有问题，要让领导喝好。"

就这样，肖兵花3000元钱买了两斤明前龙井茶，然后拿到了6000元的发票。回来的路上，肖兵已经明白，这样肖兵可以拿着发票报销6000元，自己就可以白赚3000元。

乖乖。

肖兵把送礼的事情跟杨总做了汇报，并把发票贴好拿给杨总签字报销。杨总看了一下，只是嘴里说了一句"这茶叶真贵"就没再说什么，随手签了字。肖兵第一次做这种赚公家便宜的事情，心里一直慌张得不行，现在看到杨总并没有什么怀疑，心里也就踏实多了。

乖乖，原来贪污腐败这么容易。不过，肖兵还是告诫自己，下不为例。

8

肖大贵每次打电话，肖兵不是在出差就是在出差的路上。过了一段时间，肖大贵再打电话，肖兵仍旧是要不在出差要不就是在出差的路上，唯一不同的是，出差的地点换了。

没过几天，杨总专门又找了肖兵一次。肖兵本来还担心是不是茶叶报销的事情露了馅，事实证明肖兵实在是有点多虑了。几千块钱别说对于一个证券公司来说不算什么，就算是对于杨总来说，那都是天边飘来五个字：那都不是事。

杨总这次找肖兵，是好事情，是具有战略价值和划时代意义的好事情。

杨总以领导又以长辈的身份跟肖兵说了很多话，总而言之表达了以下几个意思：

第一，肖兵来到中华证券如果连实习的时间都算上，差不多快三年的时间了，这是一个投行人员能否迅速成长的一个分水岭，杨总对肖兵的评价是有进步有成长但是还是有差距（肖兵总是觉得，自己的差距坐标可能还是王昊，不知不觉间王昊成为了自己一生的敌人，或者说是杨总早就做了这样的安排，但是肖兵有些不服）。

第二，新员工入职三年是一个很敏感的时间，希望肖兵今年的保荐代表人考试能够顺利通过，不然很可能会被别人拉了一大截，到时候杨总都不好向公司交代了（公司有末位淘汰制，肖兵总觉得自己一直都在杨总的心目中没有排在最靠前的位置。关于考试，就算是杨总不说，肖兵也觉得这一次必须成功，不成功则成仁）。

第三，希望肖兵抓住这个机会，把中关村韩总的这个项目做成功，这样肖兵承揽和承做就一次到位，实现了华丽转身和完美逆袭（杨总没有说透但是肖兵已经知道，跟自己一起来的那一批新员工中只有肖兵没有成功发行过项目了，这真的已经慢慢成为了肖兵的一块心病，带给自己莫名的挫败感）。

对于投行业务的项目组成员来说，每做一个项目都像是一次长跑，如果起跑了很多次也坚持了很多次付出的努力甚至比别人还要多，但是就是从来没有享受过冲刺的感觉和成功收获的喜悦，那么这样的投行人生是比较悲催的。

难道这就是肖兵的错吗？

一个人做一辈子投行，真正能够收获多少项目，有时候真的跟自己的水平和努力并没有直接的关联，这是综合了很多因素的一个算术题，需要好好权衡和计算。这些因素，包括命运、运气、人品，甚至是老天爷不按常理出牌的阴差阳错。

有时候领导安排给你的就是一个快要到达终点的项目，就好像是接力赛，你只是在终点等待着拿到接力棒然后冲刺。

有时候领导给你安排的是一个需要从头起跑并且需要经历千辛万难才有可能达到目标的项目，而这个项目机关重重万箭齐发，或许一不小心就会死在半路，尸骨无存，只能下一次重新来过。

有时候我们可能自己争取了一个看似还不错的项目，谁知道我们在高速奔跑中不知道哪里就出现了陷阱，冒出来怪兽，不是掉进了陷阱半天爬不出来甚至永远爬不出来，就是被怪兽咬得遍体鳞伤甚至是一击毙命。

有时候我们的项目没有问题，但是就在我们最兴奋就要到达终点的时候，突然就采取了交通管制措施，直接就是此路不通统统退回去，什么时候路通了什么时候再通过。这一等，短则几个月长则一两年，人生能够多少个几年，尤其是对于一直加速折旧的投行人员来说。

不管怎么着，肖兵入行三年确实是一个项目都没有成功，这甚至让肖大贵都对肖兵的工作产生了怀疑。

肖大贵每次打电话，肖兵不是在出差就是在出差的路上。过了一段时间，肖大贵再打电话，肖兵仍旧是要不在出差要不就是在出差的路上，唯一不同的是，出差的地点换了。

肖大贵很高兴，以为是前段时间的项目已经成功了，结果肖兵给的答案是，黄了。

9

肖兵哪还管得了这么多，就算是电脑现在从窗户掉下去，肖兵都不会在乎的。

不成功，则成仁。对于肖兵来说，今年的保荐代表人考试是这个样子，手头这个中关村的项目也是这个样子。

好在，没过多久，肖兵就收获了一个难得的好消息，那就是自己通过了保荐代表人资格考试。

人的心理有时候真的是很奇怪。这一次，肖兵的准备依旧刻苦全面，不同的是，经历了第一次的兴奋和紧张之后，第二次再参加考试已经变得淡然了很多。

尽管已经变得淡定，尽管肖兵觉得这一次应该保证可以睡着觉，肖兵还是很审慎地提前买好了安眠药。肖兵这是第一次吃安眠药，不知道会不会是最后一次，或许能让肖兵再一次如此兴奋和紧张的，就是自己孩子的高考了吧。那应该会在二十年以后。

这一次的备考，好像一切都是有利的因素，一切的迹象也的确显示朝着肖兵期待的最好的结果去发展。这次考试，通过应该是正常的。

不过，肖兵并不是第一个知道自己通过考试的人。当时，肖兵刚从项目现场回来，就偷了个小懒没有再去公司直接就回了家，回到家鞋子刚脱了一半，电话就响起来了。

肖兵打开一看，是王昊的电话，就想着自己把衣服换完再接也不急。王昊见肖兵没有接电话，立马又发了一条短信过来："可以查考试成绩了，我是侥幸通过，兄弟你肯定是高分通过，等你的好消息。"

是赤裸裸的挑衅还是友好善意的提醒？肖兵刚开始笃定是前者，或者说肖兵在三年前也一定这么认为。不过现在的肖兵不再那么愤青，那么张扬，他开始慢慢觉得每个同事都有自己的优势也有自己的可爱之处，于是，肖兵很快就把王昊的短信当作了一种善意的提醒。

不管是什么，这个消息还是让肖兵紧张了起来，身体不知道什么时候已经开始哆嗦起来了。肖兵一直告诉自己要镇定，这次通过肯定没有问题，并且一定会比王昊的考试分数要高，但是肖兵的手还是有些哆嗦。

肖兵赶紧拿出来电脑，幸好刚才从中关村项目现场回来的时候电脑并没有关机只是待机了，这给肖兵节约了一分钟的开机时间。

肖兵非常想尽快看到自己通过考试的消息，又一直纠结担心害怕万一没有通过生活还如何继续，就在这种矛盾心理的反复纠缠中，肖兵的手不仅抖而且脑袋上也冒汗了。

肖兵赶紧打开网页，输入查询成绩的网址，却不小心点到了一个“大哥，玩一下吧”的游戏链接，这让肖兵纷乱的心态差点崩溃。更巧的是，这时候杨总又打来了电话，肖兵想肯定是来问自己有没有通过考试的，现在接了电话怎么说啊，还是先不接了吧。

曾经倒背如流的身份证号码突然之间好像变得陌生而神秘，好像就是要拯救肖兵于水火的外星球密码。肖兵确定身份证号码准确无误之后，眼睛一闭点了确定。

肖兵用几秒钟的时间给了自己一个指示，那就是“反正横竖都是一刀”的信念，然后睁开了眼睛。睁开眼睛一看，肖兵先没有看到分数，也没有看到通过还是没通过，只是觉得今年的状况与去年有些不同。去年有一行刺眼的红色字体，明显地标示着未通过，而今年好像没有红的，那应该就是通过了。

确认一下，没错，通过了。

肖兵一下子跳了起来，电脑桌的质量实在不是很好，被肖兵这么一撞立马有些倾斜，电脑也从电脑桌上掉了下来最后被床头给夹住了。

肖兵哪还管得了这么多，就算是电脑现在从窗户掉下去，肖兵都不会在乎的。

I DON’T CARE！

10

一件事情跟你越相关，你定会越在乎，也就会越用心。这跟人品、素质、心态没有任何关系，这是天性。

肖兵这会儿又想起来赶紧给杨总回个电话，一来领导的电话没有及时接到要及时回过去，二来也是要把自己考试通过的消息赶紧给领导汇报。当然，后者才是重要的。

肖兵拿过手机来，才发现杨总早就已经发过短信来了。基本内容是：跟肖兵一起来的几个同事今年考试全部通过了，杨总发这个短信是来给大家恭喜的，同时也是发了一个明天晚上一起庆祝的通知。原来，公司领导是可以第一时间知道公司全部人员考试成绩的。

第二天的聚会并没有太多的内容，更确切地说主角应该是变成了杨总。因为杨总部门今年参加考试的同事全部通过了考试，显然杨总也是得到了公司领导的表扬，因而心情大好，特意批准刚参加考试的员工可以在家里好好休息三天以后再上班。

肖兵还得到了一个好消息，杨总已经决定将中关村项目的签字机会留给肖兵，毕竟这是肖兵独立承揽的第一个项目。对于杨总这样的决定，肖兵还是万分地感激。

既然是这样，那么肖兵三天的休息时间是没有办法享受了，肯定要第一时间投入到项目中去，然后要把这个项目做好。对于肖兵来说，项目成功与否，不再是简单的能不能发一笔项目奖金的问题，而是直接影响到自己能不能成功迈入保荐代表人行业的问题。

一件事情跟你越相关，你定会越在乎，也就会越用心。这跟人品、素质、心态没有任何关系，这是天性。

中关村项目的协办人已经确定了，但是签字的保荐代表人还没有确定，韩总也想尽快把找个事情确定一下，防止签字的人和具体干活的人不是一个人，那样很容易出问题。

做事的和承担责任的不是一个人，就很容易出问题。

肖兵将韩总的意见跟杨总做了汇报，肖兵多么希望杨总的答复是杨总可以亲自做这个项目的保荐代表人，这样项目的成功率会很高，并且肖兵也可以学到很多知识。

可惜的是，杨总给肖兵的并不是肖兵自己想要的答案："马明刚刚注册了保荐代表人，这个项目就让马明做第一保荐代表人吧。希望你们能够一起把这个项目做好。"

肖兵还是倒吸一口凉气，尽管肖兵现在心态已经成熟不再青涩，不过跟马明一起合作心里还是有些疙疙瘩瘩。当然，肖兵也做好了心理准备，一切听马明的安排，为了这个项目，肖兵决定拼了，不管从哪个方面。

马明已经注册了保荐代表人了，马明终于注册了保荐代表人了，而马明注册保荐代表人的事情很长一段时间都是中华证券北京投行部的头条新闻，倒不是注册的结果，关键是注册的曲折过程。

11

当时或许不幸，回头再看或许就是不幸中的万幸。

马明并不是第一次考试就通过的人，当时公司找他报名考试，他觉得平白无故多个考试太悲剧，就没有报名。马明当年毕业的时候就觉得这辈子终于可以跟考试彻底说再见了，哪能这么容易就又轻易进入到考试的牢笼之中？

想不到人生也可以如此戏剧性，马明是躲得过初一躲不过十五。想不到这考试刚结束没有多久，就紧接着年底又来了第二次考试。这一次考试，由于公司报名的人并不是很踊跃，公司为了至少在报名人数上不能输给兄弟公司，于是强制性为一些老员工报名参加考试。当然，公司为了补偿强制员工考试所带来的精神损失，公司决定给予员工一个月的带薪休假，全身心准备考试，并且还给与每个月一定金额的营养补贴。马明“不幸”就在这一次考试之列。

当时或许不幸，回头再看或许就是不幸中的万幸。

被人强制性去做一件事情，自然是劲头不足付出不够的，不过看到公司领导为了考试又是放假又是给钱的，每个人尽管不是很情愿也都不好意思不去好好准备。马明的聪明智商还是不用说的，马明的第二次考试很顺利地通过了。

再没有过多久的时间，马明就突然发现了这个曾经差点错过的考试可能就是能够让自己一飞冲天实现荣华富贵的一个好机会。但是，要实现这样的梦想，光通过考试还是远远不够的，还需要注册为保荐代表人。

于是，马明迈上了漫长的保荐代表人注册之路。这条路，艰辛而困惑，抬头就能看到大平米的房子、大排量的车子，或许还有火辣身材的妹子，但是想伸手去碰触，却又怎么也抓不到。

考试通过没多久，公司领导找到马明，说这里有一个注册的机会，愿不愿意尝试。马明感谢领导英明神武的话刚说了一半，领导就打断了马明的陈词：“这个项目成功的几率只有一半对一半。企业非要我们带着他们去赌一把，那么你是否愿意去赌一把？”

马明心里想赌一把就赌一把，如果成功了就飞黄腾达，如果不成功自己也不会失去什么。当然，上帝的幸运儿名单上当时并没有马明的名号，这一次马明没有赌对。

马明正想着这个机会错过了会马上有下一个机会的时候，由于“僧多粥多”大家对于注册的争议越来越多，公司出了政策，原则上根据考试通过顺序和成绩来排队准备注册的签字项目，如果已经签过一次的了，就算失败了也只能排在最后一位，不能插队。

马明这下才慌了，才明白当时一时脑热赌了一把输掉的是什么。马明觉得这样不公平，自己受到了不公正的待遇，当时明明是领导让自己去赌的，自己不应该承担这样的后果。

马明一把鼻涕一把泪地找到杨总，杨总向公司领导汇报，公司领导说政策就是政策，不能因为某个人的情况而改变。马明还是一把鼻涕一把泪地找杨总，杨总看马明确实是公司的老人，没有功劳也有苦劳，就通过自己在公司的关系和资源，通过一种利益交换为马明又找到了一个签字的机会。

马明还是一把鼻涕一把泪地找到杨总，感谢杨总。马明得到的这个机会确实不错，并且这个项目成功的机会非常大，很多人其实早就盯着这样的一个机会了，杨总能够把这个机会留给马明，马明心里自然清楚杨总要牺牲一些有价值的东西了。

交换，利益交换，无处不在！

12

鲜花，不能没有盛开就已枯萎；小鸟，不能没有翱翔就已经老去；浪花，不能还没有澎湃就已经被拍在了沙滩上。

不过，这一次幸运天使同样没有想起来马明。这个看起来未来前景一切光明的项目，却因为一个想都想不到的事情给彻底颠覆了发展的轨迹。

当地一个副市长因为腐败被抓，把这个企业的老板给供出来了，说自己收的钱就是这个董事长给送的，结果企业的董事长因为行贿问题也被抓了。

如此的变故，真是很多人可能一辈子甚至上下几辈子都不会遇得到，但是马明一下子就摊上了，那还怪得了谁呢？

马明再去找杨总，再怎么一把鼻涕一把泪也没有意义了，只能等待。好在那些年新股发行上市的节奏也是走走停停，马明等待的时间并没有太久，也就是一年左右的时间，马明又得到了一个机会。这个机会大家应该都知道了，那就是马明跟肖兵合作的那个项目。

大家对这个项目的一些情况已经不再陌生，结果也早就了解，马明死的心都有了。马明三次注册都没有成功，不仅自己的梦想没有实现，关键是马明的一个外号在公司里面已经慢慢酝酿逐渐成名：项目杀手。

这实在不是个什么友好的称呼，这意思明摆着就是项目在你手里就是个死。如同医生，病人过你手就差不多要死了，这医生还好的了吗？如同建筑师，这房子经过你的手可能就住不了人了，你说这建筑师还好的了吗？如同教师，这学生只要过你的手就别想考上大学了，你说还有人敢让你教学吗？

言语或许过重，不过现实确实如此残酷。

尽管马明仍旧乐呵呵地说自己顶得住，熟悉马明的人也真的能够理解并不是马明的水平不行只能是运气太背，但是杨总还是担心一系列的打击真的把马明打击坏了。

鲜花，不能没有盛开就已枯萎；小鸟，不能没有翱翔就已经老去；浪花，不能还没有澎湃就已经被拍在了沙滩上。

好在，命运还是在一个适当的机会找到了一个好的机遇挽救了马明。杨总突然也是人品大爆发，以前积累的一些上市公司的客户资源，今年突然有两个要找杨总做再融资业务。杨总亲自为马明挑选了一个，这一次，除非月球爆炸地球毁灭，不然马明成功的概率就是百分之百。

有时候我们一直在努力前行，却没有看到胜利的曙光，于是我们会怪罪命运不济运气不好。但是，我们更应该相信，更多的时候上苍从来公平，很多事情还是在于天道酬勤，事在人为。

Chapter 6

下一站
并不华丽的转身

投行十年

1

尽管还是去年的老地方，但是规格明显上去了，肖兵根据这几年积累的经验可以判断，吕晓伟又升官了。

吕晓伟又打电话来了。

肖兵看到吕晓伟打来电话，才突然发现离上次两个人见面已经整整一年的时间了。时间过得真快。

其实，肖兵在某些时候也曾想起给吕晓伟打个电话，问候一下情况或者就是简单聊几句，不过好几次是拿起电话又放下，肖兵不知道自己能够说些什么。

肖兵有时候确实有一点优柔寡断。肖兵就这样磨磨蹭蹭的，结果磨磨蹭蹭一年又等来了吕晓伟的电话。

肖兵接起电话，已经做好了接受吕晓伟批判的心理准备，要是按照以前的风格，吕晓伟不把肖兵骂个底朝天那肯定是不会算完的。

肖兵做好了心理准备，但是肖兵并没有等到自己想象的东西。吕晓伟没有骂肖兵本来应该是一件好事情，不过肖兵心里倒是有一点失落。

吕晓伟直接给肖兵说："明天下午你在北京吧，我请你吃饭，还是老地方。"

尽管还是去年的老地方，但是规格明显上去了，肖兵根据这几年积累的经验可以判断，吕晓伟又升官了。

包间还是包间，但是面积大了很多，装修也要更加高档，看得出包间位置也应该是用心挑选的。吕晓伟的身边除了去年那个差点让肖兵直接融化掉的小王之外，还多了两个人，后来才知道一个是吕晓伟的司机，另一个是北京办事处负责接待的人员。

小王的魅力和水平肖兵去年已经领教过了，虽然经过一年小王的容貌未衰，魅力且增，不过所谓道高一尺魔高一丈，肖兵这一年见得多了，也就没有去年那么不淡定了。吕晓伟今年也没有再说小王以后要肖大哥多多关照之类的话，而是不断地跟小王打情骂俏，肖兵觉得，吕晓伟已经有点沦陷的意思了。

吕晓伟的司机小陈见肖兵来了就直接出了房间，吕晓伟嘱咐他在大厅自己点点儿吃的就可以了。

接待的人员叫王涛，在向吕晓伟敬酒的时候，总是一个劲地叫着“吕行长”。尽管吕晓伟用言语推脱，也用眼神暗地里暗示他不要这么叫，但是这哥们却是越叫越欢畅，就好像领导越不让你叫你越叫得欢领导才会更高兴似的。

肖兵这才知道，吕晓伟已经是行长了。乖乖，这简直就是火箭速度，中国奇迹。

饭吃得越来越平淡无奇，吃的时间也就越来越短。饭后，吕晓伟跟王涛说可以回去了。王涛不愿意走，说领导有什么吩咐可以直接跟我说。吕晓伟说，自己很累了要跟老同学聊聊天，有什么事情回头再说。

王涛还准备坚持，但是看到吕晓伟态度坚决，也就没再说什么，只是在经过吕晓伟身边的时候，小声说了一句“东西我都安排小陈放到车里了”。

声音很小，王涛以为除了吕晓伟不会有别人听见，吕晓伟也以为肖兵不会听见，但是肖兵却听见了。

肖兵也觉得有点不可思议。肖兵心里想：“难道干我们投行业务的，还有着干间谍特务的潜质，就是耳朵好使，或者是单纯对这种消息比较好使？”

肖兵祝贺吕晓伟荣升行长，吕晓伟赶紧说是副的。肖兵说那也很牛啊，才两年的时间，你去年还说顶多是柜台经理呢。

吕晓伟说：“老爷子提前两年让贤了，那做出了牺牲总是要有点回报的，这就算便宜我了，我是属于不符合规矩的破格提升。”

利益交换，这个肖兵懂。最后，吕晓伟问肖兵：“你知道柜台经理谁当了？”

肖兵摇摇头，吕晓伟努了努嘴，肖兵顺着吕晓伟指示的方向看过去，只看见一个浑圆的屁股正扭来扭去地准备钻到吕晓伟的专车里去。

肖兵说："你小子早晚得出事。"

吕晓伟没反驳肖兵，或许是他觉得肖兵说的有道理，或者是觉得肖兵的提醒没有意义。

2

当然，还有一种情况下半夜打来电话是正常的，那就是亲密无间的朋友，有时候可能会突然袭击，跟你胡侃一顿没五没六的大山。

跟吕晓伟吃完饭，肖兵回到家已经差不多十二点了。

倒不是肖兵跟吕晓伟吃饭吃到有多晚，主要还是因为吃饭的地方在市中心而肖兵住的地方是在离市中心很远的郊区。肖兵要换乘两次地铁还要坐最后一班的公交车才能够回到家，就算是晚上交通状况好了很多，最理想状态（比如每次换乘都人品大爆发的无缝对接）也需要一个半小时的时间。

虽然江湖上传说做投行的由于工作性质特殊是需要二十四小时开机随时待命的，不过其实对于肖兵来说，十点以后接到电话的机会还是很少的。

客户的工作时间是规律的，一般没有什么急事不会半夜打电话过来。有时候领导可能会打电话过来紧急安排一下临时发生的事情，不过更多情况下这限于高层领导的角色。更多情况下，肖兵在半夜接到的电话无非就是东莞方向打来的咨询是否需要“服务”的。

当然，还有一种情况下半夜打来电话是正常的，那就是亲密无间的朋友，有时候可能会突然袭击，跟你胡侃一顿没五没六的大山。

肖兵刚到家，正准备换身衣服，电话响了，一看是于红的名字，肖兵倒没有太过惊讶。偶尔，肖兵跟于红会在比较晚的时间里通电话，聊一些跟工作无关的话题或者是跟工作有关但是又不方便在公司说的一些问题。

既然是于红的电话那就没有那么着急了，肖兵还是按部就班地换好了衣服，还刷了牙洗了脸，然后躺在床上拿起手机给于红回了一个电话。

电话一接通，肖兵就觉得味道不对，不是以前那种欢乐的气氛，这或许就是朋友之间难得的一种默契。

于红开门见山地说：“我跟兄弟你先打个招呼，我准备离职了。”

就算肖兵和于红之间的默契给了肖兵一定的心理准备，于红的这句话还是着实让肖兵有些吃惊。原因主要有两个：第一个，既然于红已经说出来了，说明已经经过深思熟虑基本上没有了挽回的余地；第二个，这件事情几乎没有任何征兆。

肖兵知道于红正在全身心地做一个项目，并且这个项目就是他可以注册为保荐代表人的项目，如果这个时候突然辞职，那么项目就要半途而废，以前所有的付出都会付之东流，这其中肯定是出了什么大问题。

当然，至于出了什么大事，于红不说肖兵自然不会问，于红觉得应该告诉肖兵的也一定会告诉他。这就是朋友，真正的朋友。

肖兵对于红的决定做出的反应既是常见的反应也是经过选择的反应：“这件事情杨总知道了吗？”

其实，肖兵的反应可以有很多种，比如：

“工作干得好好的，为什么要走？”这是很多情况下最愚蠢的反应。

“这件事情你已经下定决定了吗？”肖兵知道这样问等于白问。

“这件事情你跟公司同事说了吗？”肖兵没有这样问而是问杨总有没有知道，肖兵潜意识里有点试探自己在于红心目中地位的意思。

于红的回答，肖兵很满意：“公司还没有一个人知道，我是第一个告诉你的。”

3

于红问杨总有没有一个具体的时间，究竟什么时候能申报，杨总说这个时间谁也说不准，因为有太多的因素决定了这个项目的审核周期。

肖兵没有表达已经没有任何意义的惋惜或者挽留的意思，而是直接关心比较直接的问题："你走了，那你现在手头的项目怎么办？你一直盼望的注册的事情怎么办？"

于红顺着肖兵的话题给肖兵解释了自己为什么要走的原因，还确实跟注册有着很大的关系。

于红在注册保荐代表人这个事情上已经走了太多弯路，耗费太多的青春，他知道保荐代表人的制度红利再没有几年可能就消失殆尽，关键是自己已经不再年轻，也没有几年做投行的黄金时间。所以，于红在注册保荐代表人的事情上一直在迫切的努力，也不想再有任何耽搁。

当时，杨总人品大爆发拿到两个再融资项目的时候，一个要给马明签字大家都没有意见，另外一个项目要是根据公司规则是可以留给于红签字的。于红也曾经为此努力争取过，一向正直的于红还特意给杨总送了一份厚礼，可是最后因为于红来公司的时间不够长，资历没有其他人老，这个机会白白送给了总部的一个老员工。

于红对于这样的结果也认命了，毕竟在给谁签字机会的问题上，领导有着绝对的话语权。要注册，靠自己，于红开始了自救行动。好在于红这十几年的风雨江湖并不是白混的，凭借曲曲弯弯的人脉关系，于红还是承揽到了一个再融资的机会，既然这个项目是于红亲自承揽过来的，那么这个项目由于红来签字是谁也挑不出毛病的。

为了注册，于红拼了。于红自从这个项目开始就全身心投入进去，为了不影响自己的工作效率，于红还把自己的老婆和刚刚三个月大的孩子都送到了岳父母家。项目组人员紧张，于红就一个人当两个人使，加班熬夜苦苦支撑，目的就是让这个项目能够如期申报早日成功，自己也能够早日注册成功。

可是让于红没有想到的是，在项目最后申报的时候，公司通知他项目要推迟几个月才能申报，因为目前没有剩余的保荐代表人，只能等别的保荐代表人有了空缺之后才能申报这个项目。

于红问杨总有没有一个具体的时间，究竟什么时候能申报，杨总说这个时间谁也说不准，因为有太多的因素决定了这个项目的审核周期。

可是，于红的项目等不了啊。公司都已经公告了预案，且公司的股价上蹿下跳，非常不稳定，谁能知道几个月之后会发生多少重大的变化，到时候这个项目能不能成功都要打上一个大大的问号。

还有，于红更是等不了啊。

4

人与人之间，很多事情并不是你对我错那么简单。若简单了，便不再是人生了。

等不了，那就不等。不等，那就必须改变。

于红决定带着项目离职，找一个可以立马能把项目申报上去的公司继续自己注册的梦想。

肖兵听完了于红的解释，没有再说太多，只是说："我支持你的选择。你要走了，有机会还是好好喝一杯为你送行。"

于红说："那是必须的，这次我一定要掌握你酒量的确切数据。太晚了，挂了吧，回头再聊。"

肖兵挂了电话，却很长时间睡不着。一来觉得于红挺可怜的，一直就不是很顺利，这到了关键时候还是把自己弄得颠沛流离的。二来觉得证券公司也有很多利益纠葛，也有很多看不见的江湖，或大或小。

于红不愧已经是行走江湖多年的老人，肖兵一直觉得离职换工作是一件很复杂、很麻烦的事情，但是在于红眼里简直就是小菜一碟。而这一次，于红不能有任何的耽搁，第二天于红就没有再在公司里出现，而转过来下周周一的时候，杨总就在公司例会上宣布了于红离职的消息。

今天的例会看样子没有别的内容，只有于红离职这一个主题。杨总对此发表了一番意味深长的讲话：

"于红打电话给我，说要离开公司，我感到惊讶也感到痛心。我惊讶的是，于红的项目正在平稳推进，公司对于红也是重点培养非常看好，突然之间就要离职是我没有想到的。我痛心的是，我一直看好于红在公司的发展，于红通过这个项目也可以很快注册为保荐代表人，我觉得于红的决定伤害了公司和我对他的期望。

当然，于红离职有他的理由，也跟我说了很多他个人的困难，我也承认有些困难的确是存在的，但是我认为困难都是暂时的，并且公司一定会为大家解决好困难。我们公司是一个大公司，要照顾各个方面的利益和感受，有时候我们个人确实需要舍小家顾大家。于红这么一走，我们的很多工作就需要暂时停止，甚至就因为这样一个事情我们会得罪客户甚至是失去客户。

更让我生气的是，于红竟然连我们的客户一起带走了。这个客户可能是你一手承揽过来的，你付出了很多劳动心血还有感情，或许这个客户你也可以控制也很听你的话，但是我觉得我们员工承揽的客户资源那之后就是公司的资源，我们作为员工就不能轻易动心思。这一点，我希望大家都能够牢牢记住，这是我的底线，也是我们中华证券的底线。

于红走，我已经签过字了，我没有一分一秒地阻拦他，并且我也交代好人力资源部要一路绿灯，不论配合做什么工作我都没有任何问题。但是，我对这件事情的做法并不代表我对这件事情的认可或者我对于红行为的原谅。”

杨总讲完这些，直接走出了会议室，没有说散会还是不散会。以往那种领导一走会议室就炸锅的局面并没有出现，大家等了五分钟，确定杨总已经不再回来继续开会之后，都默默地散了。

肖兵以前听领导的长篇大论从来没有注意力集中过，这一次是难得听得仔细认真，要是让肖兵来评价，那只能是：杨总正确，于红没错。

人与人之间，很多事情并不是你对我错那么简单。若简单了，便不再是人生了。

5

人，有时候就是很奇怪，很多东西都会随着环境而改变，比如你的心态，比如你的身份，再比如你的梦想。

肖兵仔细分析杨总说的一番话，从站在公司的角度来看，杨总的观点是有道理的，但是从站在领导的角度来看，那么对于红离职的定论应该是非常负面的。

全公司的人都知道于红跟肖兵走的最近，肖兵还是有一点点的担心，担心杨总对于红过量的负能量会转移到自己的身上，从而对自己的工作产生不利的影响。

或许肖兵的担心是多余的，在证券公司，分分合合、来来往往再正常不过。事实证明，于红离职的影响没过几天就烟消云散，杨总发了一通牢骚之后继续着自己的生活和工作，同事们在听了杨总发了一通牢骚之后同样继续着自己的生活和工作。

肖兵也没有时间去想那么多了，肖兵要把全身心的精力都投入到中关村的项目中去，这个项目对于肖兵来说简直太重要了。这个项目是肖兵通过博客的力量承揽到的，这至少证明肖兵曾经的付出没有白费。这个项目是肖兵作为项目负责人从头到尾全程参与并体现了个人风格的一个项目。更加关键的是，这个项目将是肖兵可以成为注册保荐代表人的保障和基础。

吃一堑长一智，从哪里跌倒就从哪里爬起来。肖兵这一次跟马明的合作至少从表面上看是一片和谐，完全没有曾经剑拔弩张的紧张和裂缝。

人，有时候就是很奇怪，很多东西都会随着环境而改变，比如你的心态，比如你的身份，再比如你的梦想。

马明第一次跟肖兵合作的项目也是马明依赖注册的项目，自然也是付出了很多，有时候自然也会有点着急过火乱了分寸。

马明已经注册了保荐代表人，而现在跟肖兵合作的项目不过是他来赚一个签字费的，自然能偷懒就偷懒，能好好体现保代身份的优越性就体现优越性，偶尔参加一个中介协调会或者对一些核心问题发表一些不咸不淡的观点，就算是完成自己的任务了。

肖兵第一次跟马明合作项目的时候，肖兵刚从学校毕业，愤青的成分还没有完全消退，更加关键的是，肖兵觉得自己只是项目组的一个组成部分，最后项目能否成功还是要看保代和项目负责人，我就负责好自己的工作就行，甚至能偷懒一点就偷懒一点。而现在，肖兵就成了当年马明的角色，偶尔也会有一些非理性的时刻。不过庆幸的是，肖兵成了当年的马明，但是马明却并没有成为当年的肖兵，因而在中关村这个项目上两个人相安无事，井水不犯河水。

时间过得很快，尤其是在忙忙碌碌甚至是不知道时间的匆忙中。很快，肖兵的项目就要出现第一缕曙光了，终于到了可以准备申报材料的时候了。

可是，就在这时候马明却带来了一个并不是很好的消息，而这个看来不太好的消息对于肖兵来说简直就是晴天霹雳。

出事了，出大事了。

6

肖兵一下子就感觉有什么东西在自己的脑子里爆炸了，头脑一片空白没法思考甚至无法呼吸。肖兵就呆呆地坐在那里，有好一会儿一动也没动。

马明亲自走到肖兵的身边，然后声音温柔、态度谦和地要跟肖兵出去喝杯咖啡坐一坐。肖兵做梦都想跟包括马明在内的任何一个同事或者朋友搞好关系，但是马明态度如此大的转变还是让肖兵有一种不祥的预感。

男人不需要太灵敏的第六感，这种情况下确实不可能有什么好事。

马明说："关于项目的事情跟你说一下，这个项目公司领导的意思可能暂时没法申报，条件可能还不够成熟。"

肖兵一下子就感觉有什么东西在自己的脑子里爆炸了，头脑一片空白没法思考甚至无法呼吸。肖兵就呆呆地坐在那里，有好一会儿一动也没动。

肖兵的反应可能并没有出乎马明的预料，马明并没有觉得肖兵可能急火攻心需要急救之类的。马明还是继续说自己的："公司领导跟监管机构有过沟通，觉得我们这个项目还是有些不成熟，公司不愿意因为这样一个小项目去冒险。"

肖兵这时候慢慢缓过劲来了，瞬间冒出无数个问题想以最大的能量向马明开炮："项目不成熟为什么不早点说，我们工作都做完了才说项目不成熟？项目小有小的特色和价值，为什么小项目就一定有风险？什么叫作去冒险，为什么申报项目就一定是冒险？上午整个项目组还在准备公司内核的相关资料和文件，下午突然之间就告诉我项目不能申报了，你让我怎么办，我还指望整个项目注册呢？"

当然，这些问题肖兵只是在脑子里快速旋转了一遍过了把瘾，他并没有跟马明说，哪怕是一个字。当然，没有说出口的还有那些零碎，比如"他妈的”、“草泥马”、“神经病”之类的这些点缀。

马明想得到肖兵的反应可能要呆滞一段时间，但是没有想到肖兵缓过劲来之后还会平静地坐着，没有反问马明任何问题，更没有骂娘。在马明的心目中，这可完全不是肖兵的作风。

马明知道现在肖兵心里是有想法的，可能是想开导一下他：“项目不能继续推动下去，我知道你心里肯定不好受，我作为保荐代表人当然跟你是一样的心情，你看我不是也少了一笔签字费不是？”马明本来想开个小玩笑缓和一下气氛，结果这个玩笑根本不好笑。肖兵心里想，你这个项目不签字马上会有另外一个项目签字，而我少了这个项目注册还不知道要等到猴年马月。

马明见玩笑效果不是很好，倒也没有太在意，继续说：“你这段时间确实挺辛苦的，把项目的事情交接一下就回去好好休息一下吧，放心，项目多的是，注册的机会也多的是。”肖兵听马明的意思，这个项目的命运早就已经确定，马明只是来下死亡通知书的，而并不是来征求肖兵意见的。

马明最后问：“你还有什么意见，我可以转达给公司领导？”肖兵不由自主地骂了一句：“屁话。”

肖兵终于说了一句话：“这个事情杨总知道吗？”

马明立即回答：“杨总当然知道这个事情，这也是杨总的意思，回头杨总会找你谈话的。”

肖兵“哦”了一声。肖兵这个反应意味深长，而马明只是简单理解成肖兵已经理解了他的意思。

马明问：“还有别的想法吗？”

肖兵说：“没有了。”

谈话到此结束。

7

兄弟，这应该是韩总刻意向肖兵强调的，肖兵也最敏锐、直接地感受到了韩总所表达的意思。

谈话结束容易，但是项目要一刀两断的结束却并不那么容易。

杨总亲自出面收拾残局，企业老板显然不像肖兵那样只是在心里骂，那肯定是要敞开了骂，放开了骂，最好是让全世界都知道自己的委屈和不满。

不管有天大的理由，杨总都自知理亏，毕竟对于企业来说上市都是一件大事，而上市不管是否成功，企业都要付出很大的成本和代价，而有些成本和代价是看的见的，有些是看不见的。

如同是一个人，为了以后健康生活，你让我修脚我修脚，甚至你让我砍胳膊我砍胳膊；为了以后更加健康增强体魄，你让我喝中药我喝中药，你让我吃西药我吃西药，甚至你让我花高价吃大力丸我也吃。

折腾了一圈，罪受了不少，钱花了很多，结果你回头告诉我以上努力全部无效，明天我可能就死了，谁能受得了？

肖兵也觉得对不起老板更对不起韩总，不过既然杨总已经当面解决了问题，肖兵觉得自己也就没有必要再去当面道歉了，就干脆发了个短信。

最后，肖兵来到公司把相关的资料归档交接，看到工作底稿签字处的日期，一本本翻过来觉得心里很不是滋味，有一种特别想哭的感觉。

肖兵突然觉得自己非常对不起自己，这个项目从开始接触到现在差不多半年多的时间，这半年自己差不多把全部的心思都留在了这里，可是最后老天爷根本就没有给自己一个回报。

韩总的出现打断了肖兵的思绪，肖兵觉得都一点没有脸再见人家了，一见面还不知道该说什么好。

还是韩总先打破了僵局："别的不说了，一会请我吃饭吧。"

肖兵赶紧说："好好，你想吃什么，我请你。"

韩总笑了笑："当然你请了。放心吧，我不会怪你。还告诉你一件事情，老板心里觉得你也没有错，回头他会找时间请你吃饭的，这两天我们就不打扰他了。"

这么一说，肖兵的心里感觉宽慰了一些，不过转过来也更加难受。最后，韩总说："我先出去办点事，一会短信联系吃饭的事情。"

没过一会儿，肖兵就收到了韩总的短信："中午我们在花园餐厅吃饭，我们不醉不归。兄弟。"

兄弟，这应该是韩总刻意向肖兵强调的，肖兵也最敏锐、直接地感受到了韩总所表达的意思。肖兵再也忍不住了，趴在桌子上抽泣起来，他把头深深埋在胸前，没有人看到肖兵在哭。

8

肖兵等了再等，就好像一个妇女等待出远门回家的男人，哀怨且辛苦但又必须要等。肖兵始终没有等到杨总的谈话。

项目交接完之后，肖兵接连几日都感觉没什么精神，做什么事情都没有兴趣。肖兵并没有在家里休息，每天还是会准时上班，他在等待一样东西。

如同马明说的那样，肖兵在等杨总找他谈话，肖兵不知道杨总会找肖兵谈什么，肖兵也不知道杨总找他谈话对他来说到底有多重要，但是肖兵这几天心里就一直等待着这次谈话。

其实，杨总是否找肖兵谈话对于项目本身都于事无补，肖兵或许并不需要杨总的解释，只是需要杨总给肖兵一点安慰，领导对下属那样的一种安慰。当然，除了这个之外，还有就是杨总对肖兵下一步的工作安排，比如这个项目没法注册了，肖兵还有别的项目注册的机会吗？

肖兵等了再等，就好像一个妇女等待出远门回家的男人，哀怨且辛苦但又必须要等。肖兵始终没有等到杨总的谈话。

肖兵后来想了想，或许杨总认为一个项目的申报与否、最后是否成功是再正常不过的事情，这个项目不成功还有很多后备项目可以去做，没必要那么大惊小怪。

可是，肖兵不那么想。

如果说杨总谈话的失约是肖兵离职的原因，那肯定是不对的。但是，如果说这个因素让肖兵更多思考了自己的以前和未来，那么这次谈话有一点导火索的意思。

肖兵做投行已经三年多，在这三年的时间里，肖兵开了上百次中介协调会、做了不止五十份项目建议书，接触的项目有二三十个，积极参与的项目也有五六个，可是不管怎么样，肖兵还没有成功做成过一个上市的项目。

再过半年，肖兵就三十岁了。投行虽然不是靠脸蛋混饭吃，但是也是吃青春饭的，整天加班熬夜抽烟喝酒，很快就会掏虚了身子，或许肖兵也就再能做十年的投行。

十年看似长远，那又不过是几个三年，肖兵第一个三年已经算是失败了，肖兵不想第二个三年还会继续失败。

肖兵在博客上已经小有名气，他做的案例研习和很多的专业知识的分享都得到了大家的认可。肖兵从这么多项目中学习到了很多的实践知识，这也是肖兵受用一生的财富。可是，肖兵并不想一直在实务中吸取失败的教训，而没有成功的经验。

肖兵想到了“树挪死，人挪活”，或许换一个环境对于肖兵来说并不是一件坏的事情。肖兵希望带着前三年积累的经验教训，开始自己全新的一段职业生涯。

或许有人会说，肖兵不过是为了能够早点注册才选择离职。肖兵不承认这样的说法，于红可能没有时间等了，但是肖兵还有时间等。

当然，如果肖兵说自己离职跟注册一点关系都没有，可能鬼都不会相信。

好吧，就这个意思吧。

9

纠结是一种什么颜色，应该是黑色吧，因为肖兵那段离职的时间里一直生活在黑暗之中。

离职，对于肖兵来说是第一次，艰难的第一次。

对于肖兵来说，从网上找一个完美的离职报告的模板并不难，难的是怎么跟杨总说自己要离职的事情。肖兵在想，怎么跟领导解释自己要离职的原因，怎么才能让自己的离职不会损害公司的利益，怎么才能让大家好合好散而不是成为仇人。

肖兵的离职报告写了又改，改了又删，删了再写。肖兵觉得自己都有点神经质了，肖兵会纠结离职报告具体多少字数才算是合适，肖兵会纠结一个词、一个字甚至是一个标点符号的使用，肖兵还会纠结自己在写每个字时的语气和含义会不会让杨总误会自己。

纠结是一种什么颜色，应该是黑色吧，因为肖兵那段离职的时间里一直生活在黑暗之中。

春末初夏，北京的景致是最美丽的。路边的梧桐树在经过春雨的洗涤之后格外干净、翠绿，斑驳的树叶将明媚的阳光切碎之后又一点点洒向地面，感觉那么绚丽温暖。

肖兵经常光顾的“成都小吃”的饭馆又重新装修了，饭菜的味道依旧那么地道，而环境却改变了很多。桌椅都是新换的，还在墙上贴上了壁纸，就连收钱的妹子都是兼职的大学生，还挺漂亮的。

肖兵的楼下正在修路，据说这条路修好之后就能通公交车了，通不通公交车倒不打紧，至少修好之后这里以后下雨就不会泥里来水里去了。

路对面的商场正在打折促销，不是跳楼价就是收摊回家的价格，高分贝的音响里还放着肖兵最喜欢的许巍的歌。

没有什么能够阻挡，我对自由的向往……

生活是如此美好，而肖兵却在自己的纠结所带来的愧疚和痛苦之中不能自拔。就这样黑暗了三天之后，肖兵还是咬咬牙把离职信的邮件点击了发送。

是福不是祸，是祸躲不过，肖兵这样安慰自己。同时，肖兵也下定了决心，最好这辈子不要让我再离职了，这样的滋味只品尝一次就足够了。

在离职信发出去之前，肖兵是纠结。在离职信发出之后，肖兵是忐忑。肖兵一遍遍想象着杨总在看到离职信之后的反应，肖兵又无法确定自己会真正接受杨总怎样的反应，从而惴惴不安。

杨总可能会直接把离职信撕碎了扔到肖兵的脸上，然后大骂肖兵忘恩负义，不是个东西。肖兵觉得杨总骂了也就骂了，毕竟是自己做得不对。

杨总可能会努力挽留肖兵不要走，如果肖兵坚持要走，那么杨总也不放行，杨总不发火也不骂人，但是就是不肯签字。肖兵觉得要是这样，那真是惨了。

杨总可能会表示惋惜，然后痛快地签字放肖兵走，并且表示中华证券永远都是你的家，以后不顺利了还可以回来。肖兵觉得除非杨总疯了，不然哪里会有这样的好事。

肖兵等了三天，没有等到杨总的任何反应，这让肖兵心里更加不安。难道杨总真的是故意不动声色地要把自己耗在这里？要不就是杨总没有看到自己的离职邮件？

公司的邮箱系统好得很，邮件收不到的情况几乎不存在。又过了一天，肖兵接到了杨总的电话："下午要是有时间，你来我办公室一趟吧。"

该来的，还是来了。

10

就如同一对恋人，你的恋人已经要跟你分手了，你才想起来吃一顿烛光晚餐、买一身漂亮衣服，或者开始一段浪漫的旅行，而你们在一起的时候或许只需要一个电话、一个短信就能温暖彼此。

杨总见肖兵来到办公室，笑着对肖兵说："找到更好的单位和机会了？"

肖兵没有正面回答杨总的问题，只是说："我做了三年多投行觉得自己挺失败的，就是想换个地方。"

杨总停顿了一会，或许他是在思考整个谈话该怎么进行，然后说："你来中华证券三年多的时间，可能你跟我的交流和沟通是最少的，这可能跟你的性格比较内向有关系。但是呢，我对你的一些特质和水平还是很看好的，比如你为人处世以及处理紧急事务的能力就要比于红强。此外，你也有很好的亲和力和项目协作的能力，专业水平和情商方面都能够镇得住场面，其实有几个项目的企业家给我的反馈对你的印象还是很不错的，这一点你就比王昊强，你别看王昊整天能说会道，但是关键时刻不一定好使。"

杨总的这段话看似是对肖兵三年多工作经历的一种总结，但是更多的好像是一种并不中立的表扬。肖兵知道，很多情况下老板挽留员工都是这样的一个思路，就跟恋人要挽留一段即将分别的感情一样。

肖兵对于杨总的评价有些还是认可的，但是有些方面可能也有点言过其实。肖兵没有发表任何意见，只是一个劲的"嗯"，只是想向杨总表示自己一直在听他的讲话。

杨总继续说："你做了三年多的投行，单纯从结果上看确实比别人落下了一大截，但是这是各种原因和因素造成的，有时候可能就是你的运气不是很好，但是这并不说明你的水平就比别人差多少，至少我是这么认为。

你看，你的博客已经有那么多粉丝，这个还是很说明问题的。你现在慢慢地已经成为了项目的主力，中关村这个项目虽然最后没有申报，不过你在项目中的表现还是很不错的，这个马明跟我汇报了很多。所以，我还是希望你能够再好好考虑一下，如果能够继续留下来，我还是很欢迎你继续留下来的。”

如果杨总的这些话能够早一点说，或者是在这三年的时间里分不同的阶段一点点地说，或许肖兵都不会下定了决心离开。就如同一对恋人，你的恋人已经要跟你分手了，你才想起来吃一顿烛光晚餐，买一身漂亮衣服，或者开始一段浪漫的旅行，而你们在一起的时候或许只需要一个电话、一个短信就能温暖彼此。

人最容易犯的一个错误，就是在得到的时候不容易珍惜，而失去的时候才追悔莫及。当然，这里并不是想说肖兵的离开会让杨总追悔莫及，只是如果杨总偶尔能够给下属一点鼓励或者安慰，或许他们就不会离开。

杨总说完了，然后问肖兵：“你再好好考虑一下，怎么样？”

肖兵小声地说：“我已经考虑好了。”

杨总说：“不用这么快答复我，你回去好好考虑几天再跟我说。”

肖兵没再说话，但是还是在下班之前又给杨总发了一个短信，说自己已经想好了，请杨总尽快签字批准自己的离职。

对于肖兵来说，离职的决定很纠结、很痛苦，但是既然决定已经做了那么就不可能再有改变的余地。

不能一直纠结下去，要快刀斩乱麻。

11

每个人都可能失去过什么，每个人都可能为自己失去的东西而懊恼，但是如果你认为这种失去是值得的，那么失去的就失去吧，早晚你得到的会远远超过失去的。

入职和离职，来和去，方向不同，境况迥异。

入职的时候，心情如此的阳光和兴奋，带着对美好未来的期许；离职的时候，心情如此的纠结和暗淡，心中有了一份对过去的哀叹和对未来的不确定。同样，入职的时候公司是在欢迎一颗冉冉上升的太阳或者破土发芽的种子；离职的时候，公司或许是在送走一个瘟神或者至少是一个背叛者。

忘却这种“高大上”的心情抒发，说点具体实际的，入职的时候手续超乎想象的简单，不知不觉间就办好了；而离职的时候就好像曾经全部隐身的障碍一下子都冒出来要跟你作对了。

首先是行政专员过来“抄你的家、搜你的身”，电脑及相关配件、门禁卡以及饭卡饭票、电话以及网线，这些都是要仔仔细细上交的。关键是，这些东西还不一定属于一个部门，有的属于电脑室有的属于后勤处，每交一个东西都要领一张申请单然后交主管领导签字才可以。

这些事情还好说，再麻烦毕竟都还是在北京来处理，大不了就是多跑几趟，多跟人家说几句好话，就算是路上有点堵车也总会到达胜利的彼岸。

可是，这程序到了公司总部就更加麻烦了。

公司总部不在北京，总部的很多人肖兵可能从来都没有见过，当然也就很多人根本就不知道肖兵。于是，程序每到一个层次，然后就有人找肖兵了解情况，电话里总是觉得说不清楚，肖兵在这头再怎么费尽口舌也没有什么用，而肖兵又不可能一次次飞到总部去解释。于是，很多次在一个小的问题上，任凭肖兵在这里满头大汗张牙舞爪，电话那头仍旧是一头雾水不知所以。

在这些问题上，肖兵一直非常良好地贯彻了一种精神，那就是打不还手、骂不还口，甜言蜜语、死缠烂打。肖兵觉得，不管怎么说，自己的离职都会给公司带来损害，给一些同事带来伤害，这个时候自己接受点磨难、忍受点委屈是正常的，或许这也是上天对自己小小的惩罚。

就在肖兵办理烦琐的离职手续的过程中，肖兵的新东家中元证券的领导已经打来了电话，说有一个马上就可以签字的再融资项目可以考虑给肖兵签字，让肖兵最好当天就能够来到项目现场。

这对于任何一个瞪着眼睛等签字机会等得眼睛都绿了的准保荐代表人来说，这简直就是一个热腾腾、香喷喷的大馅饼。肖兵当然也渴求这样的机会，甚至天天做梦都在想这样的一个机会。可是，肖兵拒绝了这样的一个机会。

肖兵觉得，只要自己一天没有从中华证券离职，那么一天就是中华证券的人，只要一天是中华证券的人，就不能做不是中华证券的事。这是肖兵做人的一个底限和原则。

为了这样一个原则，肖兵可能失去了一辈子最好的一个注册机会，但是肖兵为此从来没有后悔过。

每个人都可能失去过什么，每个人都可能为自己失去的东西而懊恼，但是如果你认为这种失去是值得的，那么失去的就失去吧，早晚你得到的会远远超过失去的。

12

下一站，加油！

两个人一起过日子有不顺心甚至有过不下去的时候，那么两个人分开并不一定要仇人见面分外眼红，只是双方都需要一次改变，分别给自己一次改正的机会，重新寻找幸福的机会。两个人都应该得到彼此的祝福。

两个人在一起工作有时候可能合作效果不是很好甚至心情郁闷，那么员工选择离职可能是为了寻找全新的适合自己的空间为了更好的发展，而公司允许员工离职或许也可以有一个机会寻找更合适员工。两方都不应该受到苛责。

等分管投行的公司领导签了字，公司盖了章，肖兵离职的事情终于告一段落。当肖兵拿到那张费了九牛二虎之力才拿到的离职通知书时，心里感受到的并不是一种轻松和喜悦，而是一种淡淡的酸楚。

肖兵现在回头想一想，还能够清晰记得当初拿到公司入职通知书的那种喜悦的心情。那一天，阳光如此灿烂，空气格外新鲜，肖兵的心情应该可以与 × 年前拿到大学入学通知书的心情相媲美。

× 年前的通知书，让肖兵走出大山，上了大学，开阔了视野，改变了人生的方向；× 年之后的通知书，让肖兵成功地找到了一份自己喜欢且愿意为之一生奋斗的工作，改变了肖兵的人生定位和奋斗目标。

而现在，肖兵拿到的通知书又意味着什么？一份对自己过去告别的宣言，还是对自己未来重新开始的挑战。不管是什么，肖兵从现在一刻起，肖兵只能选择往前看，继续向前看。

好合好散，这是肖兵在处理离职问题上一直坚守的一个信条。江湖路远，圈子不大，说不定哪一天就会又遇见谁，谁又会用得着谁。

有时候，我们与某个人交恶，两个人转身之后互相咒念此生老死不相往来，永远不再相见。可是，很多时候，山不转水转，可能在不远的将来不见也得见，当两个人真正见面，很多时候是一笑泯恩仇，却不知两个人的疙瘩一直在心中滋长了那么多年。

很快，肖兵好合好散的信条就得到了回报。肖兵在新单位中元证券报到入职的时候，中元证券的入职手续里还需要原单位出具一个证明，而这个证明曾经难倒了很多人。

很多人因为离职跟老东家闹得不可开交，好不容易生死时速实现了大逃离，结果最后还要回去开一纸证明，别说老东家不愿意，就算是愿意自己都不一定还有脸面开这个口。

肖兵倒没有这个顾虑，肖兵有些不好意思地给人力资源部领导打电话说明情况，领导很痛快地答应了这样的一个请求，并且为了保证肖兵能够尽快入职拿工资，特事特办，当天办好当天就寄给了肖兵。

肖兵打心眼里说一句：“谢谢。”

谢谢这三年半的青春和时光，谢谢这一段时间帮助过自己的每一个人，也谢谢这一段的光阴给了肖兵成长和历练。

下一站，加油！

Chapter 7

幸福感
企业上市的悲喜

投行十年

1

抢东西是一件很辛苦的事情，尤其是当你面对的竞争对手很多且实力都很强劲的时候，而在中国的投行界要争取一个企业二次上市的项目就是这样的一种局面。

一句话说得很好：幸福的人都是相同的，不幸的人却各有各的不幸。对于上市失败的企业来说，也是如此，更是如此。

一个企业上市过程中可能会经历千辛万苦，有的可能要跨过深不见底的湍急河流，有的可能要登上高耸入云的茂密深山，有的要通过万箭穿行的机关要塞，有的可能要经过鞭打火烤的严苛考验……

不管过程怎样，只要一朝上市成功，那么企业上市过程中的问题就都不再是问题，看着金光灿灿的未来锦绣前程再回头看看曾经的苦难历程，都会微微一笑，天空飘来五个字：那都不是事。

不论是自身魅力超群还是运气无端眷顾，一个企业能够上市成功都算是中国数万家企业中的超级幸运儿。上天是公平的，有黑就有白，有圆就有缺，有幸运儿那么就有倒霉蛋。

可能有的企业在准备上市的过程中受的苦比谁都多，遭的罪比谁都重，但是最后就是没有上市成功。当然，失败的原因是多种多样的，有的可能是历史问题没有处理好，有的可能是财务问题没有解决到位，再有的或许仅仅就是缺少了那么一点点运气。

不管怎样，企业上市失败简单可以分为两种：一种是死得其所，另一种是死得冤枉。前者不让其成功上市是正确的，这种企业被否决之后也是众多中介机构的弃儿，不会有人再来找你，因为大家都觉得你已经没有了上市的希望和机会。而后者就是被错杀冤死的企业，这样的企业不会很多但并不代表没有，肖兵在中元证券接手的第一个项目就是这个情况。其实企业各方面都很好，只是在一些小问题上考虑不周，可能惹得监管机构不是很高兴，也就大笔一挥给否决了，反正每年那么多上市失败的企业，多你一个也不多。

同样，有弃儿自然也就会有宠儿，这种被错杀的企业那就是宠儿。中介机构都知道这样的企业只要争取过来稍微再调整，甚至有时候就是调整一个态度或者思路，那么再次上市成功是没有问题的。就如同一棵桃树，前面已经有个人在那里施肥浇水培养了好多年，眼看着明年就可以摘桃子了，结果说现在不能摘了过段时间才能摘，并且是谁都可以来摘，你说会没有人来抢吗?

抢东西是一件很辛苦的事情，尤其是当你面对的竞争对手很多且实力都很强劲的时候，而在中国的投行界要争取一个企业二次上市的项目就是这样的一种局面。

你可能为了争取这个项目，要付出很多的时间和心血，要跟敌人血拼很多技能和本领，等最后真正拿到项目时可能自己也会心力交瘁，遍体鳞伤。其实，对手也是伤痕累累，而幸运的是，自己拿到了这个项目而别人并没有。

中元证券争取到这个项目也很辛苦，不过也有着一层天然的优势（也有可能是不可挽回的劣势），那就是这个项目原本就是中元证券在做，也是在中元证券的手上失败的。

有了第一次失败的经历，这时候券商来争取第二次服务的机会的时候，说是优势是因为双方经过这么长时间的合作已经有了感情，券商自然愿意给自己一个改正错误的机会，如果企业觉得感情深厚那么也会这么想。

当然，也有可能是劣势，并且这种劣势不可逆转、不可挽回，那就是企业觉得在这棵树上失败了，那么一定要换一棵树再重新来过，打死也不会再选上次的机构，甚至连人都不要见到，连名字都不要想起。

中元证券充分利用了优势尽量避免了劣势，同时接受了诸多竞争对手近乎残忍的狂轰滥炸，在战胜了分管金融的副省长的小姨子、市委书记的大舅子、金融办主任的老婆等实力战将之后，终于还是争取到了从哪里跌倒再从哪里爬起来的机会。当然，企业只有一个要求，必须把上一次项目组的人员全部换掉。

条件并不苛刻，中元证券欣然接受，就这样肖兵作为新的项目组成员加入了这个项目，并且成为了项目负责人。

2

只要最后你能够交给大家一个满意的答卷，那么曾经的质疑或者不满，不过是我们在赶路过程中吹我们的风，淋我们的雨。

做二次上会的项目，有时候是一种幸福，有时候也是一种负担。

幸福的是，你可能不用再去做很多基础的工作，不用再从桃树的小苗一滴滴灌溉开始。而烦恼的是，你前方展开的不是一张白纸而已经是一幅不符合要求的图画，你需要将现在画中不合适的部分轻轻地擦掉然后再补充上自己的想法和观点，而这时候可能就没有了在一张白纸上一马平川任意驰骋的快感。

对于肖兵来说，苦恼还远远不止这些，他不仅要整理好思路小心翼翼地修改着原来图画不合规矩的地方，同时也要承受着同事对你的关注以及企业对你的质疑。

企业已经有过一次失败的经历和惨痛的教训，心里本来就已不舒服，加之企业可能对上市的规则略有了解，那么他会很关心甚至怀疑以前不成功的地方现在这样调整是不是就一定是对的，就一定能够成功。

而原来的同事费了那么大的力气写出来的申请材料，你又不是批准上市的那个人，你怎么就知道原来那样做是不对的，而只有你现在这样做才是合理的？

不仅如此，肖兵还要时不时地接受企业老板类似祥林嫂的哭诉，那就是我已经失败过一次，这一次不能有任何的闪失，在逐条痛骂上一个项目组不作为、不努力把项目做砸的条条罪状之后，其实也是在旁敲侧击地给肖兵这些现有项目组成员一些警示。

不论是话里的意思还是话外的含义，肖兵其实都能够听得明白，只是他也不能说什么，更不能对抗什么，他只是按照自己的心思用心地做好自己的工作。不管别人怎么说，肖兵只相信自己学习的专业知识能够派上用场并带领自己奔向正确且成功的方向。

让肖兵感到很欣慰且一直马达开动劲头十足的是，肖兵现在的领导一直支持肖兵的想法，鼓励肖兵按照自己的思路和想法做好自己的工作，只要用心去做就一定会有一个好的结果。

只要最后你能够交给大家一个满意的答卷，那么曾经的质疑或者不满，不过是我们在赶路过程中吹我们的风，淋我们的雨。

肖兵在投行的工作经历中，可能受到不公正的待遇，可能受到很严重的打击，可是让肖兵一直觉得老天对自己不薄的是，肖兵一直都有一位好的领导在自己的身边。

好的领导，是你工作过程中的校准器，是你职业规划中的指路灯，更可能是你一辈子的良师益友。

一个好的领导，他应该有基本的专业素养，有精准的趋势判断，有洞察一切的能力，更要有运筹帷幄、把握大局的水平。或许我们不应该对领导严苛要求过多，但领导至少应该有一颗关心爱护下属的心，要严格要求也要细心保护。

让我们都能够幸运遇到一位好的领导，也希望大家有机会做领导的时候都能够做一位好领导。

3

我们看问题的角度不同，往往会得出截然不同的答案，同时也会带给我们截然不同的心境，不是吗？

不管怎样，老天还是公平的，就好像太阳会照耀到地球的每个角落一样。

肖兵因为这个二次上会的项目承受了很多别的项目可能没有的困惑和压力，同样肖兵也很快感受到了这样的项目所带来的别的项目没有的便捷和方便。

肖兵的项目申报进去之后，没有半年的时间就已经可以上发审会审核了。其实，这也很好理解，企业从上次被否决到现在也就是刚刚一年的时间，其实这一年基本上没有发生什么改变，该关注的问题该问的情况其实在上次基本上都问过了，这次不过是主要关注一下上次否决的原因有没有解决好，如果解决好了那也就没有什么问题了。

企业在二次上会的时候，是不能轻易出现新的问题的，不然怎么解释第一次审核的时候审核人员为什么没有发现这些问题呢？

如果我们仔细总结认真思考，就会发现老天会一直在向大家证明他的公正，不论你是在倒霉的时候还是在幸运的时候，人不会永远都倒霉也不会永远都幸运，就是这样的一个道理。

当我们在一段时间里总是遭遇霉运的时候，我们相信这是上天对我们的考验，我们要坚持并且要一直坚持下去，直到我们迎来幸运的时刻。当我们在某一段时间收到了幸运女神眷顾的时候，我们也应该不能忘记工作的艰辛和生活的磨难，只有这样才能保证当我们遇到困难的时候不会怨天尤人，更不会惊慌失措。

企业的发审会刚刚通知了项目成功过会的消息，还没等肖兵他们开始庆祝，项目签字保代和公司领导就被紧急叫了出去。

没过多久，消息反馈回来，企业被举报了。

天杀的举报！

举报，对于正在上市或者准备上市的企业来说，如幽灵时刻萦绕，阴魂不散，如利刃随时都有可能把你上市的梦想劈得粉碎，如铁闸随便就可以把你上市的道路堵个严实。

举报，天杀的举报！

据领导讲，举报信恰恰就是在企业进行发审会审议的时候送到的，那个时候又不能直接冲进去把举报信送过去，就只能等发审会开完之后再说吧。

公司领导拿过来举报信，不由得深深吸了一口带有浓郁雾霾的北京的凉气。看这快递邮寄的日期，是昨天一早就邮寄过来的，如果一切正常应该是今天早上就应该能够送到的，不知道是快递小哥临时打了个盹还是航班习惯性晚点过了头，反正是阴差阳错举报信在下午三点多才送到。要是上午送到，那企业根本就没有上会的希望了。

这封举报信的目的很明显，就是让企业上不了会，而快递帮忙让这件事情没有发生。肖兵第一次对快递的慢慢悠悠有了一种好感。

我们看问题的角度不同，往往会得出截然不同的答案，同时也会带给我们截然不同的心境，不是吗？

4

企业上市的过程中，当一件事情出现得非常诡异、根本就不能用常理去解释的时候，这件事情十有八九就跟钱有关系了。

举报信的内容不致命，但是很难办。举报信的内容短短几句话看似很简单，但是目的性也很明确。

举报信的内容大体意思是一个与发行人合作多年的外资企业突然跳出来说，这个老外感觉与发行人的合作有些问题，可能下一步就不会再一起合作了。

哪有这样的道理？都合作十多年了，怎么可能说不合作就不合作了？战略合作意向书签得明明白白的，也不能说不合作就不合作了！

可是，企业正处于上市的紧要关头，根本就没有那么多道理去讲，因为讲道理是需要时间的，说不定等你把道理讲明白了，你上市的事情也就黄得差不多了。

所以，这个时候企业的态度很明确，那就是关键时期用关键方法，讲道理是没用的。

企业问中元证券领导："我们跟这个老外一直合作得很愉快，远日无冤近日无仇，前些日子这哥们来我们企业考察还聊得很好，为什么突然来了这么一出？"

中元证券领导以多年的战斗经验告诉企业："这哥们八成是想讹我们一点钱。"

企业有点不是很相信："这哥们是老外啊，不会他们也学会了中国人这一套吧？万一人家不是为了这个，我们要是贸然出击会不会适得其反？"

中元证券领导一听是老外也有点动摇了信心："这个我也有点吃不准，老外素质确实比我们要高，不过在金钱面前是不是地球人都一个样，我就把握不准了。不过，我们现在还有别的办法吗？我们中国的领导找了，国外的领导也找了，登门拜访了，该说的好话都说了一箩筐了，不是也没有用吗？”

企业老板想想也是这么回事，一拍大腿：“那就死马当作活马医了，大不了我这个企业不上市就是了。”

企业上市的过程中，当一件事情出现得非常诡异、根本就不能用常理去解释的时候，这件事情十有八九就跟钱有关系了。这种情况比较常见的有：好好的客户突然说不跟我们合作了；关系很好的股东之间突然关系不好了；亲戚朋友之间的关系不再那么融洽了等。

这样的一个定律再一次得到应验。当企业还抱着一颗忐忑的心去找到老外提出破钱免灾的时候，对方答应的倒是很痛快，甚至都有点已经等得不耐烦的意思。

虽然企业老板马上就会成为上市公司的董事长，很快就会成为当地的首富，但是对于老外狮子大张口的态度还是有点暴怒。你可以趁火打劫，但是不能打劫得如此没有节操。

最后，老板跟肖兵以及项目组说：“我最后就给这个老外100万，这老外要是识相就拿了钱该干吗干吗，要是还在那里没完没了，老子直接找两个人把这个哥们碎尸万段，然后扔到海里让鲨鱼背着他回老家。”

尽管知道企业老板是开的一个玩笑，不过还是把肖兵吓了不大不小的一跳。好在这个老外本来就没有什么事情，拿多少钱都是自己白赚的，也就在装作痛苦思考了一晚上之后非常痛苦地接受了企业的条件。

老外还亲自为企业出具了一份说明，并一式三份，说企业如果觉得份数不够还可以随时跟他要。

肖兵心里想，好一个入乡随俗的老外。

5

于是，就在这条鱼游到水面正准备一飞冲天、鲤鱼跳龙门的时候，背后已经有无数的馋猫蜂拥而来。

如果把企业比喻成一条鱼，那么中国无数的企业就是深海里游来游去的鱼，而准备上市的企业更好像是从深海里逐渐游到水面甚至是岸上的鱼。很多人闻着腥味就找到了这条鱼，而这条鱼就算不是任人宰割那也是凶多吉少。

当有一条鲜美肥厚的鱼放在你的面前，而你有机会在这条鱼上美美地咬上一口，且付出的代价不过是一些厚脸皮或者是一点职业操守，你会不愿意这么做吗？

有谁不愿意，请举手？

于是，就在这条鱼游到水面正准备一飞冲天、鲤鱼跳龙门的时候，背后已经有无数的馋猫蜂拥而来。

银行的同志们带着验钞机走过来了，企业上市了，募集了那么多资金，那么这可是银行千载难逢的一个吸收存款的好机会……

税务局的同志们带着税控机走过来了，企业上市之前税务上肯定有这样或者那样的问题，偷过税漏过税也说不定，这以后企业有钱了怎么着也要多交点税……

工商、税务、海关、社保等部门的同志都斗志昂扬地向主席台这里走过来了，企业上市的时候我们都是出过没有违法违规行为的证明的，但是到底有没有违规行为你知我知，现在企业有钱了可不能过河拆桥忘了我们这些大恩人……

向主席台这里走来的，除了老熟人，还有很多我们从来没有见过的新朋友，他们或单枪匹马或成群结队或组成强大的团队，眼睛冒着绿光地向这边走过来了。他们要么要求企业做广告，要么就要求企业发表文章，要么就建立长期的战略合作关系，不管怎样企业不给钱是肯定不会善罢甘休的，像一个个乞丐更像一群群流氓，不可怜却可恨……

让企业老板没有想到的是，企业没有上市成功的时候麻烦不断，而企业马上就要上市成功了仍旧是一团乱麻不扯都乱。好在，企业家想想企业马上就要上市成功，百亿身家马上就要装到自己的口袋里，再乱再麻烦也是一种幸福的烦恼了。

现在，跟企业家一样有着幸福烦恼的，还有肖兵。尽管肖兵作为项目主力几乎参与了封卷、路演、公关等各个环节的各项工作，几乎每天都不能睡个囫囵觉，不过一想到自己马上就能够注册为保荐代表人，这一切也就都是毛毛雨了。

不付出哪有收获，无风雨哪有彩虹？

6

钱不是万能的，但是没有钱是万万不能的。钱不是高尚的，但是没钱的生活更不一定是高尚的。

企业发行上市的进程一直处于快节奏之中，虽然工作很烦琐也很辛苦，不过一个人做投行能遇到这样的机会并不会很多，不是像坐公交车一样，错过了一班马上还来一班，企业上市的事情这一次过去可能下一次就要等到几年以后，甚至以后永远也没有机会再次经历。

肖兵想通过这次机会好好学习业务知识，同时，也想好好地感受一下这其中幸福的味道。

当一个人马上会拥有一片汪洋，那么他会很乐意送你一瓢水来饮。当一个人马上会拥有一片森林，那么他与大家分享几片树叶又有什么关系。当一个人马上就会拥有巨额的财富，请一起玩耍的小伙伴享受点荣华富贵又有什么可惜的。

更何况，对于企业来说，肖兵他们项目组不仅是一起玩耍的小伙伴，更是立下汗马功劳的大功臣。

所以，企业在路演、发行、挂牌的一系列上市的过程中，老板跟手下的财务经理下了命令，一定不要怕花钱，务必不要怕浪费，一定要让大家吃好喝好玩好。上市马上成功，大家共享欢乐。

肖兵每天入住当地最好的酒店，房钱自然不用自己担心，并且房间里的东西都可以随便吃，至于一罐可乐要比楼下超市贵上三四倍的问题，肖兵目前暂时不愿意去考虑这么小家子气的问题。

肖兵将酒店里每个餐厅都去吃了一个遍，什么川菜粤菜都是小意思了，泰国菜俄罗斯菜才是要好好尝一下的，菜的味道怎么样没关系，菜的价格更不是问题，只要是觉得这个菜自己喜欢就可以理直气壮地让服务员上，费用直接签单或者记到酒店房间的账上就可以了。

肖兵还在酒店里洗了一件衬衣，肖兵以前觉得要花五六十块钱洗一件衣服简直就是不可思议的事情，就算是现在不花自己的钱也觉得不应该助长这种接近于抢钱的行为。不过，这次是不小心衬衣上沾上了油污，不洗说不过去了，就狠狠心洗了一次，等衣服送回来才知道这钱花到哪里去了。

肖兵在动物园买的一百五的衬衣，硬是被人家给洗出了艺术品的感觉，洗得干干净净、晶莹透亮，叠得方方正正、整洁挺拔。肖兵转着圈端详了好几遍，硬是没有舍得穿到身上去。这件衣服愣是让肖兵从酒店带回到自己的家，然后差不多过了一年，肖兵拍婚纱照的时候才又拿出来穿。

为什么我们都喜欢有钱？因为有钱可以坐头等舱，座位更大，服务员的笑容更美；因为有钱可以办理超级 VIP 卡，买东西不排队，还有专人服务；因为有钱可以住大房子并且所有的卫生都还不用自己操心；因为有钱可以开自己的私家车而不用挤地铁让别人把自己好不容易整理的发型给弄乱了。

钱很庸俗，为什么还有那么多人为了钱而变得庸俗、势力？因为钱同样可以带给我们尊重、快乐和某些时候的满足。

钱不是万能的，但是没有钱是万万不能的。钱不是高尚的，但是没钱的生活更不一定是高尚的。

7

对于肖兵来说，在物质生活还远远没有满足的情况下，精神生活的价值要大打折扣，毕竟，物质基础决定上层建筑。

肖兵这些日子一直生活在自参加工作以来最幸福快乐的一种生活中，而更让肖兵幸福的是，好消息还在传来。

肖兵注册保荐代表人的申请材料可以申报了，申报材料报上去后，过不了多久肖兵就可以梦想成真了。

不过，肖兵马上面临到一个幸福的烦恼需要抉择，那就是保代注册的见面会和企业挂牌上市的时间竟然是同一个时间。

人无远虑必有近忧，这话一点不假。

这是一个艰难的选择，毕竟两个事情都是肖兵的第一次，并且对肖兵来说都是意义重大。当然，这也是一个幸福的选择，肖兵只是要在一个苹果和一个梨子之间选择最后吃什么，而不是能吃还是不能吃的选择。

肖兵最后选择了去参加注册的面试而不是挂牌仪式，因为肖兵听说如果早注册一两天就有可能多领一个月的津贴，那么按照目前情况来看会有好几万块钱，差不多快赶上自己三个月的工资了。当然，参加自己第一个项目的挂牌仪式也很重要，不过更多是一种精神上的财富和满足。

对于肖兵来说，在物质生活还远远没有满足的情况下，精神生活的价值要大打折扣，毕竟，物质基础决定上层建筑。

肖兵准备申报材料，就如同在准备一个多年的夙愿，手中的复印材料就好像是组成自己梦想的一个个小精灵，生怕说话一大声就飞了，或者手一抖掉在地上就会碎了。申报资料的复印件哪怕是有一个字没有复印清楚，或者复印纸的边缘有了一些污染的地方，肖兵都会毫不犹豫地再重新复印一次。

肖兵还担心申报材料准备的数量不够，申报材料规则要求三份，肖兵就一定要准备五份，这样才能保证有备无患，才能保证自己的梦想能够毫无遮挡地、灿烂光芒地照进现实。

最后，肖兵要把全部的资料寄到公司总部统一盖章，由于是周末且时间已经很晚了，快递员不再收件了。尽管肖兵自己也认为明天一早再快递也不会有问题，就算是今晚快递员把材料收走也不一定会赶得上，但是肖兵还是软磨硬泡让快递员把快件第一时间取走了。

谢天谢地，一切顺利，申报资料还是很快报上去了，并且没有什么问题。很快，肖兵注册保荐代表人的消息也就在网上公告了。

公告了，肖兵的心又提到了嗓子眼，生怕在这个节骨眼出现什么问题。虽然肖兵坚信自己做人坦坦荡荡，做事清清白白，但还是担心出现小人故意折腾你。

谢天谢地，肖兵自从公告发布后就接到了很多的电话，不过都是祝贺的电话，这让肖兵放心和开心了不少。

最让肖兵惊喜的是，吕晓伟竟然也给自己打电话祝贺。肖兵的这个事情对于肖兵来说很重要，对于肖兵投行界的一些朋友来说比较熟悉，可是对于吕晓伟这个从事银行业务的来说并不是很熟悉的。这就好比一个铁匠知道一个画家有一幅画得了国际大奖一样。

吕晓伟不仅知道了，还知道得非常及时。

8

吕晓伟说："如果我拿了最佳球员，我就在自己肚子上签上她的名字，在她的宿舍楼下跑一晚上。"

肖兵慢慢觉得，吕晓伟现在打电话的风格除了保留了上学当年打篮球锻炼出来的霸气和干脆之外，还隐隐约约多了一份江湖气。这也难怪，毕竟吕晓伟是在一个很大的江湖里面混，并且已经混了四年多的时间。

吕晓伟直接就说："老同学，恭喜你了，这以后成为什么代表了，就是牛人和有钱人了，以后可不能忘了老同学啊。"

肖兵知道吕晓伟是在开玩笑，吕晓伟作为行长挣的钱哪是什么小小保荐代表人能比的，肖兵没有接这个话茬儿，只是纠正了一下吕晓伟的小错误："那叫保荐代表人，不是什么代表，跟三个代表没关系。"

吕晓伟说："你们那么专业的东西我是搞不清楚，我现在还在开会就不跟你多说了，我最近比较忙，回头我让小王亲自去北京庆祝一下你的成功。"

肖兵说不打扰吕晓伟的工作了，就挂了电话。不过也是，外行人能够准确说出保荐代表人这个称呼的还真是不多。

肖兵挂了电话，才想起来对于吕晓伟的提议并没有拒绝。是忘了拒绝还是根本就是不愿意拒绝，肖兵也说不清楚，不过肖兵并不抗拒那个手里没有骨头的小王的到来，倒是藏在肖兵内心里不争的事实。

或者是迫于领导对于下属的权威，或者是小王对于吕晓伟小鸟依人关系的暧昧，不管怎么样，小王来给肖兵祝贺的速度远远超乎肖兵的想象。

很多时候，什么要给老同学祝贺的话可能不过就是一句玩笑，说说也就过去了。再好一点的，也不过是记着这么个事，等猴年马月有了时间顺道过来寒暄一下就可以了。

不过，肖兵知道吕晓伟的作风，虽然这哥们看起来是疯疯癫癫、大大咧咧的，但是说过的话从来都算话，承诺过的事从来都放在心上，从来没有违约食言过。

想当年，吕晓伟代表法学院去参加学校的篮球比赛，每当吕晓伟进攻，班级里总会有一个花痴般的小女孩在那里举着牌子死命地摇，死命地喊。

有人打趣吕晓伟应该报答人家，吕晓伟说："如果我拿了最佳球员，我就在自己肚子上签上她的名字，在她的宿舍楼下跑一晚上。"

不幸的是，当年的法学院篮球队发挥超常有如神助，在吕晓伟的带领下还真得了冠军。有人以为吕晓伟当初的承诺不过就是说着玩的，就连那位花痴也是这么认为的，结果吕晓伟还真是光着膀子把自己上半身全部签上了那位女生的名字，然后在楼舍楼下一个劲地跑，一边跑还一边唱着自己改编的歌曲。直到有人报了警，然后学校保安把他带走，这个事情才算结束。为了这个事情，吕晓伟差点还受到处分，幸亏法学院得到篮球比赛冠军，才算是功过相抵。

人都说女大十八变，结果可能是这位"花痴"反应慢了半拍，变化从大二的下半年才开始，一夜之间，效果简直可以用整容极度成功来形容，一下子就从芙蓉姐姐变成了范大将军。

"花痴"一下子成为了班花甚至是院花，可是一直还是对吕晓伟不离不弃。其实，肖兵也觉得他们两个人郎才女貌挺般配的，不过当时吕晓伟已经有了现在的老婆，吕晓伟确实不是那种喜新厌旧的人。

不过，吕晓伟现在还是不是对感情那么专一，肖兵通过观察小王已经有些怀疑。

9

谁，愿意整天经受着磨难？我，愿意一生都过着幸福的生活。

就在吕晓伟跟肖兵打电话之后的第二天，小王的电话已经打过来了。

肖兵并没有保存小王的电话，不过对于投行人员来说，每天接到很多陌生人的电话倒也是工作之一，经常会接到诸如推销保险的、贩卖红酒的、保健按摩的、冒充老情人诈骗的电话。

肖兵接起电话，电话那头先亲热地叫了一声哥，肖兵一下子就知道是谁了，这声音比推销保险的温柔，比贩卖红酒的清脆，比保健按摩的纯净，比诈骗电话真实。肖兵真还想不出来除了小王谁还能够有这样的声音。

肖兵或许一直都在等待着这样的一个电话，但是电话真的打过来了又觉得是那么不真实。

肖兵赶紧问："小王，你打电话有什么事情？"

小王咯咯笑了起来："报告哥，我受到吕总的委托，特来向你表示祝贺，我已经下飞机了，现在就在机场，想问一下你住的地址，我过去找你。"

肖兵一时没有反应过来："你怎么没有打招呼就过来了，吕晓伟这个人就是喜欢搞突然袭击。那要不要我去接你？"

小王说："不用了，吕总已经让北京办事处的司机过来接我了。"

肖兵就把地址发个短信给司机，然后就在家里等着了。肖兵想起刚才打的电话就笑了，我去接人家拿什么接啊？汽车，没有；打车，没面；自行车，那是开玩笑。用手接，肖兵哈哈大笑起来。

三个月前，肖兵搬家了，彻底告别了以前群租的生活，主要是为了能够有更好的环境复习保代考试，同时也是给自己一个压力，只有考试通过了才能过上好日子住上好房子。

肖兵一个人租了一个一居室，房子差不多是20世纪五六十年代的，装修就更不用提了，家具也都是古董级，就好像一个雷就能给劈塌了似的。就算是这样的一个一居室，租金也是曾经肖兵群租价格的两倍。

不管怎样，肖兵有了一个自己的家，一个属于自己的在北京独立的港湾。

告别了群租的生活，肖兵从此：

告别了上厕所需要排队，刷牙洗脸都可能干一架的日子；

告别了厨房早就被别人霸占，就连喝口粥都需要去饭馆买的日子；

告别了每晚都可能需要被动接受性爱教育，第二天见面谁都尴尬的日子；

告别了每天因为分摊网费电费、谁拖地打扫卫生、谁丢了一只袜子、谁的内裤脏了都要去吵吵闹闹的日子。

当年的清贫和困顿，肖兵把它当作是上天对自己的惩罚和考验。在客厅隔断组成的卧室里，肖兵一直在努力学习整理分享文章，肖兵也就是坐在一个三条腿的凳子上趴在床上写出了自己的第一本书，并且创造了自己博客 300 万的访问量。

当肖兵付出了两倍的代价搬到了真正属于自己的一居室的小窝里的时候，肖兵有一种想哭的冲动。

谁，愿意整天经受着磨难？我，愿意一生都过着幸福的生活。

10

北京的交通状况一如既往的糟糕。小王给肖兵打电话的时候刚刚过了五点，等小王来到酒店的时候差不多都已经七点了。

肖兵是在中国的首都、祖国的心脏工作，可是肖兵在吕晓伟面前包括即将到来的小王面前根本就没有底气，更不用说优越感。吕晓伟不管用怎样的方式也不管是在哪里，都已经取得了很多年轻人梦想的地位和财富，而肖兵不过还是在苦苦追寻的北漂一族。

肖兵可以说自己做着一份高大上的金融工作，可以说自己有才华，可以写书也可以写诗，可以说自己的工作很出色领导满意客户认可。可是，寒酸的一居的陋室瞬间就让肖兵建立起来的自信灰飞烟灭了。

生活，就是如此具体，这般现实。

最后，肖兵还是决定在离自己住的地方不远的海鲜大酒店来迎接小王的到来。肖兵专门在酒店订了一个包间，然后又把吃饭的地址发给了司机，发完短信肖兵才觉得自己的身体瞬间放松了下来，觉得自己刚刚做了一个很重要的也是意义重大的决定。

北京的交通状况一如既往的糟糕。小王给肖兵打电话的时候刚刚过了五点，等小王来到酒店的时候差不多都已经七点了。

酒店或许觉得肖兵的打扮根本就不是一个来大吃大喝的主，或者说根本就不是一个花公款的主，不花公款来这么高档的地方肯定就是抠得要命，是剩下三个水饺、半个鱼头也都要打包带走的主。

于是，随着六点一到，酒店的客人逐渐多起来后，服务员对肖兵的态度越来越恶劣，一直在催促肖兵，说要是客人还不来就不能再保留房间了，说房间只能保留到六点半。肖兵自知理亏，但是自己好不容易做了一个重大的决定就绝对不能轻易失掉这个成果，所以只能一个劲赔不是。

不过，当服务员见到小王的衣着打扮以及身边那辆送她的车的时候，服务员的态度立马有了一百八十度大转变。并且，当一身富贵的小王见到肖兵还那么热情和谦卑的时候，服务员对肖兵的态度也同样发生了变化，一口一个“哥”地叫着。当然，这哥叫得就比小王差远了。

肖兵一直对这种狗眼看人低的奴才姿态深恶痛绝，但是等有人真正待你如上宾的时候，你又突然发现你对曾经厌恶的姿态又是如此受用，甚至有时候少了他就不能活。

如果说小王为了见肖兵刻意打扮一番可能是肖兵自作多情的猜测，不过小王的一身打扮还是充分体现了低调奢华的含义。衣服的款式很简单，但是面料和裁剪一看就是顶级的；身上的配饰既不金光灿灿，也不闪闪发亮，但是肖兵偷偷瞄过品牌，那都是肖兵最近几年才慢慢从上市公司的企业家嘴里听到的品牌。

肖兵喜欢小王的气质和打扮，美女谁能不喜欢。肖兵也觉得吕晓伟这个好兄弟可能已经沦陷了，不然一个大堂经理能这般富裕？

兄弟，你可要小心了。

11

当一个只有五成功力的人要在一个十成功力的人面前比拼的时候，这个人一定也要让自己显得有十成的功力。

肖兵很大方地跟服务员要来菜单，然后递给小王："你是远道而来的客人，喜欢吃什么，随便点。"

小王把菜单推给了肖兵："哥，还是你点吧。"

肖兵想，自己请客吃饭应该是要自己点菜，不然客人怎么好意思点呢，肖兵然后就不再推辞，点了几个大菜，一来是价格上说得过去，二来是肖兵从来没吃过也想借这个机会品尝一下也算是给自己通过考试的犒劳。

当一个只有五成功力的人要在一个十成功力的人面前比拼的时候，这个人一定也要让自己显得有十成的功力。

点完菜，菜单递给服务员的时候，小王偷偷在服务员耳边说了几句，服务员脸上像盛开了一朵白菜花一样频频点头。肖兵不知道小王对服务员说了什么，也没好意思问。

不过答案很快就揭晓了，是小王又偷偷加了几个菜，这几个菜肖兵刚才点菜的时候在菜谱上见到过但都没有点，因为单单这几个菜价格就在千元以上。

肖兵虽然已经慢慢逐渐适应了大场面，不过一下子要割自己这么多肉，还是让肖兵有一点心疼的感觉。不过，想到能跟小王这样的美女一起吃饭，还说不定跟自己最好的兄弟有"亲戚"关系，也就释然了。

对于肖兵来说，吃饭是一件痛苦的事情，跟美女吃饭更是一件痛苦的事情，就算是跟自己梦寐以求的小王也是这样的感觉。

肖兵很期待见到小王，也喜欢听到小王那可以让人直接软化的声音，但是真要在一起面对面坐着，又不知道说什么好。两个人最后都不约而同的聊吕晓伟，小王聊吕晓伟在工作中的英明神武，而肖兵则聊吕晓伟上学时的趣闻轶事。

两个人聊得差不多了，饭也就吃得差不多了。肖兵招呼服务员买单，服务员说钱早就有人付过了。肖兵看着小王，小王说老李已经付过了。老李就是刚才的司机。

肖兵说："小王你这样做就不对了，你大老远来怎么还能让你花钱呢。"

小王说："这是吕总的安排，要是让肖哥花了钱，吕总回去会杀了我的。再说了，这是花的吕总的钱，不是我的钱。"

肖兵说："你这么说我就不说什么了，花那小子的钱我乐意。"

最后，小王从旁边纸袋里拿出一个一看就包装高档的盒子，说："这是吕总送给你的礼物，说你马上就是成功人士了，应该需要这个。"

肖兵问："这个是什么东西？"

小王说："您回家打开就知道了，这是吕总交代的。"

肖兵也觉得问的有些多余，不过等后来回家肖兵打开盒子，肖兵还是吓了一跳。

盒子里装着一块腕表，肖兵知道这个牌子的表肯定价格不菲。肖兵在百度上查了一下，官方报价：66666元。

12

有些人，只能过一辈子的平凡生活。没有人，可以过一辈子的风花雪月。

吃完饭，尽管肖兵已经知道吕晓伟肯定是为小王本次的北京之行安排好了一切，还是礼节性问了一句："晚上住的酒店有没有定好？"

小王做了一个很调皮的表情："坏了，忘了，今晚还没有住的地方呢，要不我就去肖哥那里住吧。"

肖兵知道小王今晚没有住的地方是在开玩笑，但是肖兵又不确定小王要去肖兵住的地方是真还是假。

肖兵瞬间的想法还是希望小王能去自己住的地方坐一坐，说不定就凭自己跟吕晓伟的关系，还能跟小王发生点什么桃色故事。

肖兵瞬间之后还是坚决地否定了自己的想法。一来自己的小窝怎么整理都还是那么破旧，两个人在那种地方见面真是辜负了一晚上的美好氛围。二来说不定小王已经是吕晓伟的人了，怎么着也不能做这种负心的事情。每个男人都是一个色狼，不过肖兵目前还是一个有定力、可以打败色狼的人。

肖兵顺着小王的玩笑说："你们吕总怎么也不会让你露宿街头的，还是早点回去休息吧。"

小王好像有些失望，肖兵至今都不知道是真的还是装的，说："好的，我明天一早就走了，肖哥要不要去送我。"

肖兵撒了个谎："我明天一早要去开一个会，就不去送你了。并且，有吕总给你全方位的保护，肯定会一切顺利。"

肖兵根本就不知道小王说的话哪句是真哪句是假，更关键的是，肖兵若答应去送，拿什么送？

最后，肖兵跟小王分别，说："祝你明天一路顺风。"

小王上了车，摇下窗户："哥，坐飞机不能说一路顺风。"

肖兵笑了笑，就在窗户摇上汽车发动的那一瞬间，肖兵心里突然有一点点失落，就好像刚才有一个天使陪着自己度过了一个春风沉醉的晚上，而一下子这个天使就要飞走了，不知道什么时候还能遇到或许一辈子都不能遇到了。

肖兵想，老子以后要加倍赚钱，也要娶这样一个女人当老婆。肖兵又一想，我可能一辈子都挣不到吕晓伟那么多钱，并且下辈子也可能没有吕晓伟长得帅。又帅又有钱的男人才对女人有致命杀伤力啊。

肖兵再一想，这女子或许一起吃顿饭聊会天会很乖很听话，真要是娶回家做饭洗碗带孩子，说不定就没有那么多风花雪月小鸟依人了。

有些人，只能过一辈子的平凡生活。没有人，可以过一辈子的风花雪月。

肖兵选择了前者，并且一直快乐地前行，简单地生活。

后记

未完待续

投行十年

很多年前就一直想写一些这样的文字，准备酝酿了很久但是一直没有真正动笔，一来是懒，二来是不敢写，生怕自己写不了多少就会半途而废。

真真正正开始写，并且咬牙切齿保证一定要有始有终是在2013年的年底，现在看来，半年多的时间，不管怎么样，至少自己把这件事情做成了。尽管，通篇文笔潦草，逻辑牵强，勉强算是小说。

当然，不管过程如何艰辛，也不管结果如何，好在终于完成。而现在，对这样的十几万文字做一个相对严谨的定性成为了当务之急。

个人传记传奇、新人励志经典、职场厚黑百科、行业内幕解密……或许上述任何一个帽子扣在这本书上都比较拉风，也很吸引眼球，甚至也能帮助多拉升一些发行量，但是小兵肯定不认同这样的定位。

本人仍在基层打拼，从未成功何来传奇？不过是小兵工作中的自我思索，没有辉煌，自不励志。只是简单总结一下日常工作的心得体会，没有城府也绝不厚黑。小兵只说大家知道的、谁都了解的，小兵从来不了解内幕更何谈解密。

小兵对这本书的定义，就是一个投行小兵怎么从青涩走向成熟的一段心路历程和体会总结，只是想通过这些问题告诉一些新人怎样做好一份普通的工作，怎样更好地完成一份普通的工作。同时告诉大家，我们都曾经艰难困苦过，只要我们用心并且努力，一定会拥有自己的成功，或许并不是整片彩虹，但至少会是一朵云彩。

对于这本书，小兵非常负责任、非常严肃地告诉大家：这肯定不是小兵自己的个人传记，请勿对号入座，若有雷同，纯属巧合，实在荣幸。此外，小兵并不姓肖，肖兵也不是我。

这本书写到这里，或许只是写到了一个人工作经历的第一个阶段，我们还会经历很多，还会有很多阶段，那么本书还会有续集，未完待续吗？

或许吧……

谢谢你读到了最后一页。^_^

2014.11.24

22：20

图书在版编目(CIP)数据

投行十年：我在投行的日子／投行小兵著. —北京：法律出版社，2015.1
ISBN 978-7-5118-7256-2

Ⅰ. ①投… Ⅱ. ①投… Ⅲ. ①投资银行—中国 Ⅳ. ①F832.33

中国版本图书馆CIP数据核字(2014)第298830号

投行十年：我在投行的日子
投行小兵 著

编辑统筹 法律应用出版分社
策划编辑 薛 晗
责任编辑 薛 晗 慕雪丹
装帧设计 汪奇峰

出版 法律出版社
总发行 中国法律图书有限公司
经销 新华书店
印刷 北京嘉恒彩色印刷有限责任公司
责任印制 翟国磊

开本 720毫米×960毫米 1/16
印张 13.5
字数 186千
版本 2015年1月第1版
印次 2015年1月第1次印刷

法律出版社／北京市丰台区莲花池西里7号(100073)
电子邮件／info@lawpress.com.cn
网址／www.lawpress.com.cn
销售热线／010-63939792/9779
咨询电话／010-63939796

中国法律图书有限公司／北京市丰台区莲花池西里7号(100073)
全国各地中法图分、子公司电话：
第一法律书店／010-63939781/9782
重庆公司／023-65382816/2908
北京分公司／010-62534456
西安分公司／029-85388843
上海公司／021-62071010/1636
深圳公司／0755-83072995

书号：ISBN 978-7-5118-7256-2
定价：49.00元
(如有缺页或倒装，中国法律图书有限公司负责退换)

法律与商业联结的扛鼎之作　实践与前沿联系的集大成者

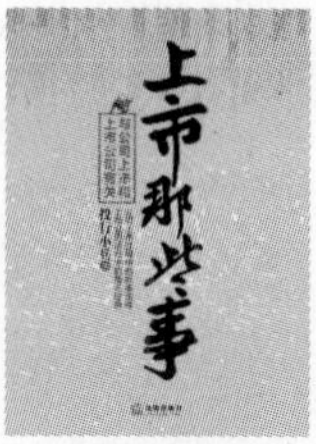

公司上市过程中的故事流传　上市公司运行中的警示经典

上市那些事——与公司上市和上市公司有关

投行小兵　著

定价:49 元　出版时间:2013 年 1 月

在资本市场这个“江湖”中,总是有一些广为流传的上市故事,或令人瞠目结舌,或匪夷所思。即使已经无法考证其真正来源,但却在市场的口口相传中越来越经典,越来越具有警示意义。本书即讲述了资本江湖中非常精彩的上市故事,语言诙谐幽默,相信可为广大资本市场从业者带来启示。

典型案例剖析　审核重点关注　权威上市指导

企业上市解决之道 3:案例提炼与审核关注

投行小兵　著

定价:108 元　出版时间:2013 年 6 月

本书是投行小兵企业上市解决之道系列的完美收官力作,与《企业上市解决之道》和《企业上市解决之道 2:案例延伸与对策分析》属于同一系列,但是与前两本书内容没有任何重合之处。本书是对前两本书进一步的延伸,从主体资格(出资、股权、改制问题)、特殊经营模式、财务会计和规范运行等几个方面,并根据目前中国证监会的最新政策,对于相关典型案例做了进一步的提炼和深入剖析,重点分析了审核部门关注重点及解决相关问题的思路和对策。

典型案例剖析　权威上市指导　解决思路延伸

企业上市解决之道 2:案例延伸与对策分析

投行小兵　著

定价:99 元　出版时间:2012 年 1 月

本书是作者再一次的全面洗涤和超越,再一次的深入思考和升华。案例更加丰富也更加有层次,评析更加深入也更加周全,思路更加明晰也更加具有指导意义,法规更加简练也更加有针对性。通过剖析企业或成功上市或被否决的原因,梳理了企业在上市过程中遇到的常见问题,为解决企业上市遇到的及审核部门关注的相关问题提供思路和对策。

典型案例剖析　权威上市指导

企业上市解决之道

投行小兵　著

定价:68 元　出版时间:2011 年 5 月

本书精心挑选极具代表性的百余家企业上市真实案例,剖析这些企业或成功上市或被否决的原因,梳理企业上市过程中遇到的常见问题,揭示产生问题的根源、审核部门关注的重点及解决相关问题的思路和对策。案例具体生动、论述浅显易懂,专业人士处理企业上市难题的借鉴宝典,非专业人士了解企业上市相关问题的实用指南。

剖析典型案例　梳理疑难问题　提供解决对策

走向资本市场:企业上市尽职调查与疑难问题剖析

张国峰　著

定价:128 元　出版时间:2013 年 10 月

本书剖析了 2006 年我国新股发行制度改革以来,成功上市企业与被否决企业的真实案例,梳理了拟上市企业在上市过程中遇到的各种常见问题,并提供了解决问题的对策!

抢占新三板　畅游资本新市场

新三板挂牌操作指引与实务解析

申林平　主编

定价:48 元　出版时间:2014 年 7 月

本书以案例的形式,较为全面、透彻地向读者剖析了新三板法律实务的要点和难点,对新三板法律实务的从业者有重要的参考价值。

企业成功进行资本运作税法实务操作的必备工具

资本运作税法实务

张兰田　著

定价:58.00　出版时间:2010 年 7 月

本书是第一本由中国执业律师从实务角度就企业资本运作税法领域撰写的专著,具有开山之作的里程碑意义。全书以最新法律规定为基础进行实务研究论述,是对先行生效的相关税法的一次全面梳理和研究,内容充实具体,对第一线的实际法律工作具有很强的指导作用和参考意义!

梳理疑难问题　剖析典型案例　提供解决对策

最新 H 股香港上市实务与案例分析

申林平　主编

定价:68 元　出版时间:2013 年 5 月

本书针对境内企业香港上市这一主题,分别就境内企业香港上市过程中应关注的重点法律问题、中介机构的协调性、企业家普遍关注的公司估值等问题进行了深度阐释,并对近年来 H 股上市案例进行了细致分析,对境内企业香港上市具有较强实务指导价值。

证券业务风险防范　典型案例点评分析

证券公司业务风险与防范

朋兴明　著

定价:48 元　出版时间:2013 年 2 月

随着我国金融创新的加快,打破垄断、全面放开市场竞争、逐渐向国际化靠拢将会成为证券行业的发展趋势,未来证券行业优胜劣汰在所难免,这些都促使证券公司要尽快提高自身的风险管理水平。本书内容涵盖了证券经纪业务、投资银行业务、证券自营业务、资产管理业务、研究报告业务、投资顾问业务、融资融券业务、直投业务以及其他业务等,详细阐述了证券公司各项业务风险的具体防范措施;同时引入了大量具体案例进行点评分析,以便读者更加直观理解相关内容。

企业投资并购重组全流程节税指南

资本之税:企业投资并购重组节税实务

张远堂　著

定价:58 元　出版时间:2013 年 5 月

在市场经济的环境下,公司的投资、并购和重组时有发生,律师或法律顾问在这个过程中承担着设计模式、路径和方法的重要职责,首先必须保证企业投资、并购、重组行为合法、可行、有利,但同时也应当考虑企业行为的成本,其中就包括税收成本。税收成本是企业发展必须考虑的一个重要因素,本书紧贴现代企业的发展实际,梳理了国家现行税法和税收政策中有关企业投资、并购、重组的规定,并结合大量企业节税操作真实案例,具有很强的实务操作性和可读性。